徹底圖解 世界各國政治制度

一次搞懂5大洲23個國家，
一手掌握全球動向

串田誠一 監修
Condex情報研究所 編著／卓惠娟 譯

前言

認識一個國家的政治制度，能夠讓我們了解該國的歷史及現在的情勢。本書從世界各國當中，介紹對於了解世界動向至為重要的國家，或是和日本有深切關聯的國家為焦點，說明該國的政治制度、選舉制度，以及基於什麼樣的過程走到今日的局面，並且**力求讓讀者從閱讀中得到樂趣**。

平時已經習慣從電視新聞或報紙等媒體涉獵報導的人另當別論，有關政治的話題，總是有難以開啟話頭的部分，其中一個因素可能是不懂「政治術語」吧？環繞政治的話題也包含敏感內容，一旦期待正確表述時，總難免使用到一些較艱澀的詞彙。

針對這一點，本書對於「（政治）專有名詞」盡可能注意使用淺白易懂的用詞，以容易理解為優先，因此部分內容措辭可能顯得不夠精準，請務必見諒，這是考量到有些讀者雖然在意政治問題，卻又覺得現在才開始學會不會為時已晚。敬請務必讀到最後，若能透過閱讀讓您因而了解經常聽到的政治體制或法律專有名詞，將是我最大的榮幸。

現代因為進入網路社會，任何人都能輕易獲得世界各國相關的資訊，然而，這些資訊，若不是有明確目的，或是主動去搜尋，幾乎不會有機會進入我們的視線。先不談其他國家的情況，事實上，有關「世界各國」政治情勢的消息，遠比我們想像中更少進入我們的眼簾。就算相較之下，我們較有機會看到的娛樂圈或體壇相關訊息也是相同的。

比方說，「全世界競技人口數量的運動排行」，「板球」絕對名列前茅（二或三名），但能說出板球規則的人卻是少數。這是因為板球發源於英國，在英國是相當受歡迎的運動，所以過去曾是英國殖民地的印度或澳洲，也因此而盛行。而且，印度有名的職業板球選手，一年能獲取數十億日圓的報酬，幾乎每年都能榮登全球職業運動選手的年收入排行榜前幾名。

但是我們對於這一類的消息，卻**比想像中更加「無知」**。

再舉一個例子，二〇一八年四月，新聞報導了中國的太空站「天宮一號」因失控而墜落於地球海面。但實際上早在一年多以前，就已發布天宮一號會墜落的消息，某些國家也有大幅報導，然而在日本，很多人根本不曾聽過這件事。

類似這樣有關「各國情勢」的話題，一旦涉及政治體制，就更為顯著。有許多在國外大幅報導的新聞，在日本卻只成了一則小篇幅的消息。再讓我重複一次，我們對於「世界各國」遠卻比想像中更加「無知」。

若是讀者能因為讀了本書，形成「關注的契機」，開始稍微有興趣去涉獵報紙、網路上刊載的這些世界情勢的報導，將是身為筆者的我無比的喜悅。本書中我盡可能羅織各國歷史（直到確立當前政治體制前的經緯），期盼能讓讀者心生「原來如此！」而對世界政治或歷史萌生好奇，進而對本國政治也產生興趣。

——二〇一八年八月

串田誠一　監修

CONDEX情報研究所　編著

※本書所引用的「一當地貨幣」是根據二〇一七年七月現值。（「一當地貨幣即一元、一美金、一歐元……之意）

※本書以日本為論述基準。

prologue

序章

似懂非懂？
複習具代表性的政治制度

世界主要的政治制度

各位能夠說明「總統制」與「議院內閣制」的差異嗎？本書接下來要介紹世界各國的政治制度及選舉制度，在介紹這些內容之前，先複習一下大家都應該聽過的政治制度。

什麼是「總統制」？

我想大家都聽過「總統制」與「議院內閣制」。但是，真要進一步說明，又覺得似懂非懂。這樣的人應該相當多，因此我就從這裡開始說明。

首先，聽到「總統制」，多數人可能會聯想到美國，而且，認為「該國的領導者應當就是『總統』吧？」

放心，這可以說是正確的概念。

一般來說，**所謂的「總統制」，意指國民選出的領導人（總統），成為該國國家元首（國家的領導人）的制度**。只不過，即使是有總統的國家，也未必會被認定為總統「制」。比方說，德國雖然有總統，卻不是由國民直接選舉，而是更接近一種象徵性的存在。因此，一般認為德國採行的是「議院內閣制」。

換句話說，所謂的「總統制」，指的是透過國民選舉而產生的總統，具有強大的權限及領導地位的國家體制。

順便一提，可以說是總統制代表的美國，由國民選出的總統不但是國家元首，也是行政機關首長，並且是軍隊最高司令官，名副其實握有強大權限與領導地位。

由議會認可的政府來經營一國大政的議院內閣制

那麼，「議院內閣制」又是什麼樣的制度呢？雖然日本也是採用「議院內閣制」，但應該有相當多人，若是進一步深入思考，並不清楚究竟什麼是「議院內閣制」。

先說結論，所謂的「議院內閣制」，就是一國的行政權必須經立法權同意後

閒聊一下

問到**德國的「總理」是誰**，能回答出「**梅克爾總理**」的人，應該不在少數。但是，問到**德國總統是誰**，我想回答得出來的人，應當不多。正確答案是**法蘭克－華特．史坦麥爾（Frank-Walter Steinmeier）總統**。梅克爾擔任總理已是第四度任期（2018~2021），除了長期擔任總理職的因素，在德國，總理比總統的權限大得多，因此新聞報導出現的頻率，總理也遠比總統更多，所以大家比較認識。

此外，雖然有「議院內閣制」和「總統制」之分，但這其實只是外界的「歸類」。一國的政治制度（統治系統）是基於該國的歷史及想法而形成，型態也南轅北轍。因此只是學者等外圍的人評估而作出「歸類於○○制」而已，並不代表完全相同。

安格拉多羅提亞．梅克爾總理
Wikimedia Commons

法蘭克 - 華特．史坦麥爾
Wikimedia Commons

才能行使的制度。也可以說，政府（內閣）基於議會的信任而活動的制度。不過，光是這個解釋，可能還是不容易理解。

首先，所謂的「立法權」，是指訂定法律（規則）的權限。而且，「既然是我們必須遵守的規則，我們當然希望能自己決定。然而，由於實際上不可行，所以我們便交由能代表自己的人來決定」。基於這樣的想法，多數國家透過選舉，選出代表人，然後由這些代表人來制定規則。制定這些規則的權限就是「立法權」，而行使立法的機關（場所）就是「議會」。

另外，所謂的**「行政權」**，只要想成是**推動國家運轉（運籌帷幄）的權限**，就比較容易明白。為了國家的運轉，一定要守

專有名詞

「議會」與「國會」

所謂的「議會」，一般是指**制定該國或地方自治體（都道府縣、市鎮村等）規範的機關**。日本把「國家」的議會稱為「國會」；「地方自治體」的議會稱為「（地方）議會」。但其他世界各國，則未必把制定「國家」規則的機關稱為「國會」。本書原則上不論國家或地方，只要是有關**制定該國或地方規則的機關，一律稱為「議會」**，但遇到以「國會」來表現較容易理解的情況，則寫成「國會」。

住國內的治安，也必須進行和其他國家的交涉。此外，道路、交通也必須整頓才行。以市、鎮、村來說，則必須檢討垃圾處理方式等問題，不做不行的事情數也數不清。

換句話說，為了讓國家順利運轉，會設置能夠因應處理這類**實務性**問題的常態機構；進行這類運轉的權限是「行政權」，行使行政權的機關是「行政部門」。

而「議院內閣制」則是一國的行政權（政府）在基於立法權（議會）的信任下進行活動的制度。有關「基於信任的活動」這部分，不妨想一想議會對於政府的**不信任**決議，就應該比較容易了解。

一般而言，採用「議院內閣制」的國家，**立法機關（議會）對於行政機關（政府）失去信任時，立法機關（議會）可以要求行政機關（政府）成員總辭；這就是不信任決議**。也就是形同對他們表示：「我們已經不相信你們了，你們通通給我辭職！」

這個制度的核心概念在於，即便行使行政權，也必須置於代表民意的議會控制之下。總歸來說，就是在議會同意「國家可以如此這般運作喔」的狀況下，去進行政府活動的制度是「議院內閣制」。

不過，為了保持權力的平衡，通常議院內閣制下，**被要求總辭的行政機關（政府），也能基於「你們才是罪魁禍首，應當聽從國民的意見！」而要求議會解散**。

議院內閣制最初是在英國組建並發展。日本之所以採用和英國相同的議院內閣制，正因為日本是以英國制度為範本。此外，典型的議院內閣制特徵，是作為行政權（政府）首腦的

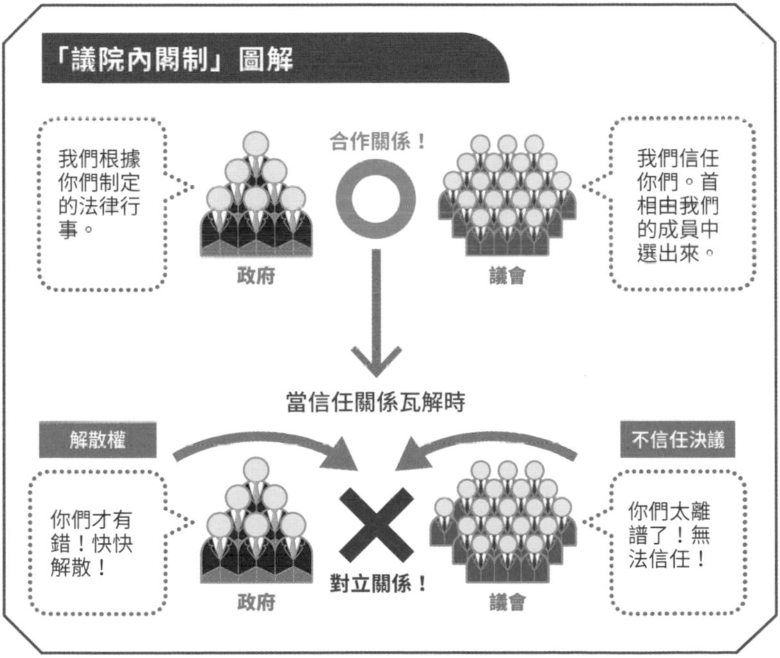
「議院內閣制」圖解
我們根據你們制定的法律行事。
合作關係！
我們信任你們。首相由我們的成員中選出來。
政府
議會
當信任關係瓦解時
解散權
不信任決議
你們才有錯！快快解散！
對立關係！
你們太離譜了！無法信任！
政府
議會

首相乃是由議會推選而出。

就某個意義而言，行政權（政府）和立法權（議會）是建立在同心協力的關係上，然而，彼此失和的情況也並不少見。這時候，不但立法權（議會）可以要求行政權（政府）總辭；相反的，行政權（政府）也可以針對立法權（議會）行使解散權。

「總統」及「首相」有什麼不同？

以上說明了「總統制」及「議院內閣制」。並且知道了在「總統制」下，有透過國民選舉，擁有強大權限的一國領導人之總統。因此，可能有人會心生一個疑問，這個疑問就是——

那麼，「首相」又是什麼呢？

一言以蔽之，**「首相」就是掌控行政權的行政部**

專有名詞　「議會解散」

「解散」一詞正如字面上的意義，就是把原本集合成某個團體的人分開來。議會的解散，就是把原本屬於議會的議員，剝奪議員身分的強大制度。若是想再度成為議會的議員，就一定要透過選舉並當選才行。

門首長。換句話說，首相只不過是國家當中的「行政部門（政府）」這個機關的領導者。但，將「首相」視作「該國領導者」的情況相當多，日本也是相同的狀況。

尤其是日本的情況，除了因為日本沒有總統，所以將首相視作國家領導者，也有些國家，如同第十六頁中敘述的德國般，雖然有總統，但總統在政治上的權限微弱，以致首相比總統權限更強大的情況，因此首相形同國家領導人。

也存在「半總統制」的政治體制

此外，世界各國當中，還有採行「**半總統制**」之**政治體制**的國家。這可以把它想成一方面採用議院內閣制，卻又有權限強大的總統之政治體制。粗略分類

專有名詞　「首相」及「內閣總理大臣」

除了「首相」，還有「內閣總理大臣」一詞。不過，這只是稱呼不同，意思完全一樣。世界各國基本上都以「首相」來稱呼，在日本則稱為「內閣總理大臣」。另外還有「總理大臣」、「總理」的稱呼方式，意思都和「首相」相同。

的話，「半總統制」可以列在「總統制」底下，法國就是典型的例子。

詳情在本書第八十頁的「法國」中也會介紹，採行這個制度的國家，有相當於國家元首的總統及首相，而且，以權限來說並非哪一個較強，而是共同分擔任務及權限。一般來說，主要負責與其他國家的往來（外交問題）工作的是總統，負責國內問題的是首相。

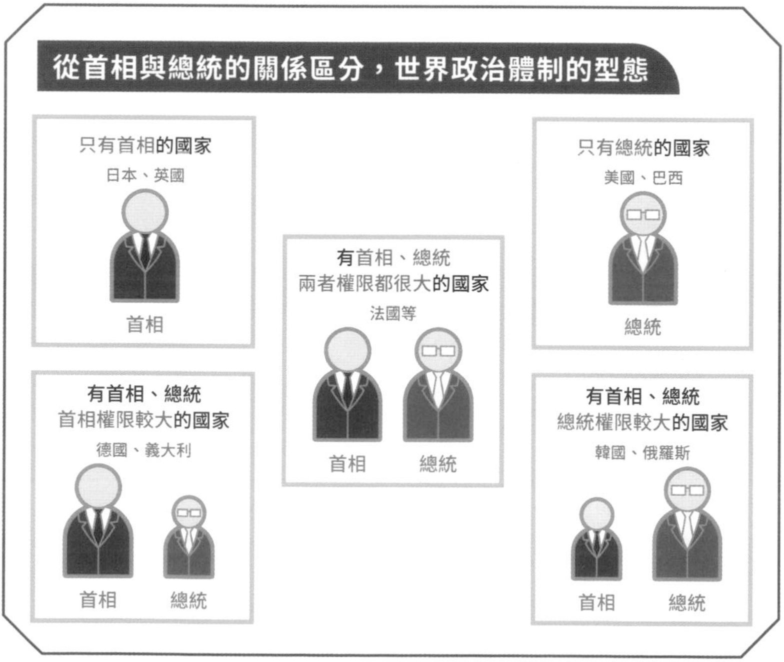

「君主專制」國家意外的多？

放眼世界各國，還有許多各種不同的體制，其中一項是「**君主專制**」。所謂的「君主」，只要把它想成國王，就很容易理解。**君主對於國家的狀態擁有絕對的權力，是由君主支配該國的政治體制**。就如下圖般，尤其中東各國都是君主專制。

有句名言說「權力使人腐化，絕對的權力使人絕對的腐化」，但君主專制並不一定不好，也有重視國民的君主（國王），讓國民生活滿足的國家。只不過很遺憾的，實際上有些君主專制國家在政治決策上的確只是為了圖謀少數人士的利益。

主要的君主專制國家

（2018 年 6 月）

認識政治體制，能更增進對國家的理解

除了上述各個不同政治體制，環顧世界各國，還有其他形形色色的政治體制。

比方說，中國採行的政治體制稱作「民主集中制」（democratic centralism），瑞士則採行「委員制」，另外，澳洲及西班牙採行的政治體制則是「君主立憲制」（Constitutional monarchy／與議院內閣制同時施行）。中國所實施的「民主集中制」將在第二十九頁介紹。「委員制」則可以把它想成是一套議會（立法權）兼任政府（行政權）的政治體制。至於「君主立憲制」，則是一國雖然保留君主，但君主權力必須受制於憲法。與「君主專制」不同，是君主權限確實受到約束的制度。

專有名詞　什麼是「聯邦（制）」？

所謂「聯邦（制）」（federation），是指幾個國家（州）結合而成的一種國家結構。美國就是代表例子。住在日本可能難以想像，「州」更接近一「國」而非一「縣」。實際上在美國，各州有各自的憲法，成人的法定年齡各州規定也不同，日本的「縣」則沒有這樣的差異。

另外，一個國家究竟是單一的國家？還是屬於聯邦國家？採用的政治體制也不相同。此外，從「國民選舉方式」的觀點來看，包括了直接選舉、間接選舉、比例代表選舉……等各種不同選舉方式。在觀察各國局勢的同時，也務必了解一下這些不同的制度。

1

以全世界人口最多為傲的國家
主由中國共產黨這個政黨在運作

中華人民共和國

- 首都：北京
- 面積：九六〇萬平方公里
- 人口：十四億九五一・七萬人
- 主要語言：中文
- 平均壽命：七六歲
- 貨幣單位：人民幣（一當地貨幣＝十六・七三日圓）

經濟自由化與共產黨控制共存

中華人民共和國（以下簡稱「中國」）的人口超過十四億，人口高居世界第一。另外，國土面積約九百六十萬平方公里，約為日本國土的二十六倍。由於領土遼闊，氣候、自然也因地域而各具特色，在二〇一八年二月時，世界遺產數量多達五十二處，高居亞洲第一名。

中國的宗教，被公認的有道教、佛教、新教（基督教）、天主教、伊斯蘭教等五大宗教。在經濟方面，一九八〇年代基於農業自由化政策、經濟開放政策，發展速度可說突飛猛進，甚至被稱為「世界工廠」。二〇一〇年國民生產毛額（GNP）躍升世界第二名，然而，經濟急遽發展的同時，也帶來中國國內的環境汙染、大都市及農村經濟發展的落差等相當多的社會問題。

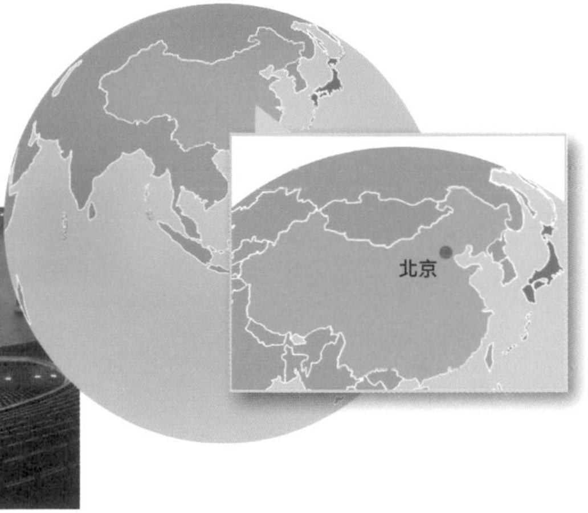

全人代議場
Wikimedia Commons

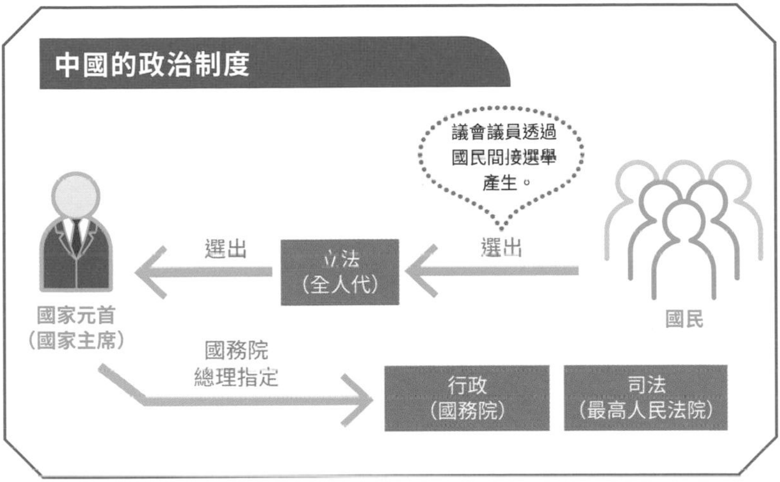

所有權限都集中於議會（全國人民代表大會）？

在政治制度方面，中國採行**「民主集中制」**。所謂「民主集中制」，是指代表人民（國民）的議會——全國人民代表大會（以下簡稱「全人代」），握有與國政相關的一切權限之制度。中國雖然也有相當於日本內閣的「國務院」，及相當於法院的「最高人民法院」，不過，全人代握有極大的權限，因此才被歸類於民主集中制。

而且，這個強大的全人代權限，**又是由中國共產黨這個特定政黨掌控**。這個政黨的領導人「總書記」，實際上就理所當然地成為國家元首的「國家主席」。雖然中國除了中國共產黨還有其他政黨，卻都是在中國共產黨指導下活動。

議員透過階段性的間接選舉產生

全人代的議員，是透過國民間接選舉而產生，人數約為三千人（正確人數為二九八七人）。議員任期五年，每五年進行一次選舉。十八歲以上的中國公民都具有投票權及被選舉權。

這個選舉並不是只有一個階段。中國的議會，以順位（層級）高低來看，分為「全國人民代表大會」、「省級人民代表大會」、「縣級人民代表大會」、「鄉級人民代表大會」等

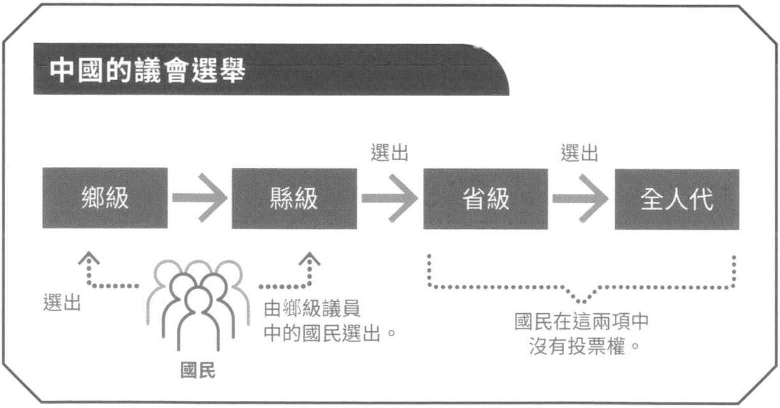

四個階段。其中，只有「縣級人民代表大會」和「鄉級人民代表大會」是由公民投票選出，層級更高的議會之議員，則由低一個層級的代表大會議員選出。

另外，中國的「省」，地域相當寬廣，相當於日本「○○地方」；其次則是「縣」；「鄉」則相當於日本的「市」、「區」範圍。

國家動向取決於中國共產黨

在中國，中國共產黨的總書記（中國共產黨的最高領導人）兼任國家主席（國家最高領導人）。因此，總書記握有極大的政治權力，報紙等媒體

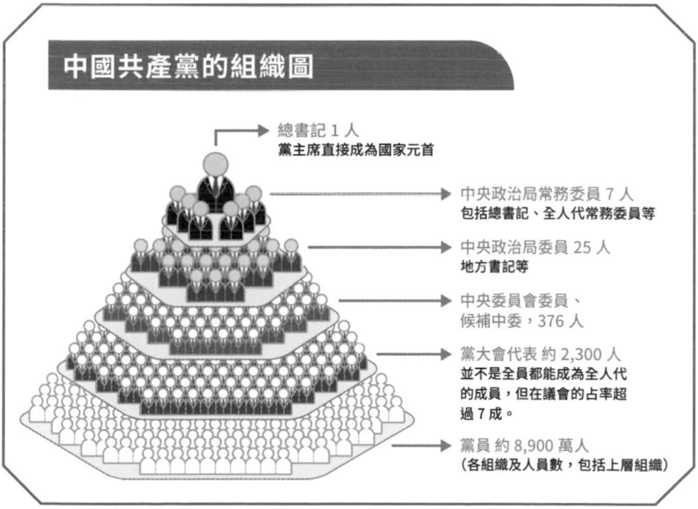

稱呼「習近平總書記（國家主席）」就是因為兼任兩個職務的緣故。中國共產黨的領導人就是國家領導人，所以可以說是由中國共產黨主導政治。

此外，中國共產黨的總書記，由五年舉辦一次的「中國共產黨全國代表大會（共產黨大會）」決定。這個握有中國實質權力的中國共產黨決定最重要事項的會議，是由中國共產黨員，透過事前選舉的代表人員參加。例如二〇一七年十月，就召開了第十九屆大會。

由於這個中國共產黨大會五年只召開一次，因此國家營運的其他瑣碎事項，則是在每年舉辦一次的「中央委員會」中討論，能出席的只有被選出的中央委員。

有無中國共產黨以外的政黨？

話說，除了中國共產黨，難道

中國共產黨以外的中國政黨

黨名	組成人員
中國國民黨革命委員會	舊國民黨關係人士
中國民主同盟	文化界人士
中國民主建國會	經濟界人士
中國民主促進會	教育、出版關係人士
中國農工民主黨	醫療相關知識分子
中國致公黨	歸國華僑等
九三學社	教育、科學技術人士
臺灣民主自治同盟	臺灣出身人士

沒有其他政黨嗎？事實上合法成立的政黨，除了中國共產黨以外，還有八個政黨。但是，依照中華人民共和國憲法的序章規定，中國共產黨以外的政黨，必須「遵從中國共產黨的指導」，也就是憲法規定，任何政黨都必須聽從中國共產黨的指示。

順帶一提，所謂的「憲法」，可以說就是該國基本、根本的規定。中國共產黨的地位甚至在「憲法」中明定，可見對中國而言，中國共產黨是獨特的政黨。

一分為二的中國

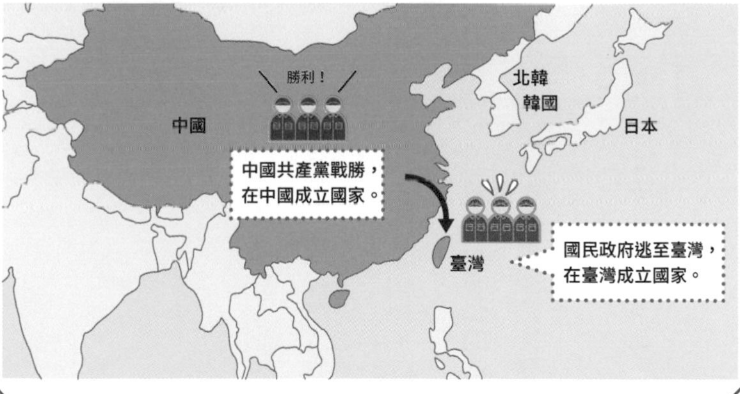
勝利！
中國
北韓
韓國
日本
中國共產黨戰勝，在中國成立國家。
臺灣
國民政府逃至臺灣，在臺灣成立國家。

毛澤東戰勝蔣介石，確立共產黨獨裁體制

那麼，為什麼中國共產黨會在中國成為掌握國家實權的政治體制呢？背後原因和中國歷史有關。

一九〇〇年代以後，中國大陸地區成立了「中華民國」這個國家。一九一二年就任「中華民國」臨時大總統的孫文，由於權力鬥爭落敗而逃離北京，並在廣東成立中國國民黨。中國國民黨勢力擴大，於一九二五年在廣州（廣東）成立國民政府，一九二八年自認是孫文後繼者的蔣介石之「國民政府（南京）」統一了全國。

然而，之後的中國內戰雖然因中日戰爭曾有一度休兵，但**蔣介石率領的南京「國民政府」，和毛澤東率領的「中國共產黨」卻在中日戰爭前後，形成持續對立的國共內戰**。

到了一九四九年，**戰勝的中國共產黨，宣告在北京成立「中華人民共和國」**，同年十二月，蔣介石的國民政府則逃到臺灣，使中國分裂為二。

以「中華人民共和國」建國的中國共產黨，建立一黨獨裁的體制來治理國家。

投票給候補者的反對者，
會被視作反政府的叛亂分子！

北韓（朝鮮民主主義人民共和國）

- 首都：平壤
- 面積：十二・一萬平方公里
- 人口：二五四九・一萬人
- 主要語言：朝鮮語
- 平均壽命：七〇・三歲
- 貨幣單位：北韓圓（一當地貨幣＝一・〇六日圓）

其實和全世界八成以上的國家有邦交

朝鮮民主主義人民共和國（以下簡稱「北韓」）的人口，約為二千五百萬人，大概是日本的五分之一。然而，相對於全國人口，軍人的比例超過百分之五，和鄰近的韓國、中國、俄羅斯相較之下，比例壓倒性的高。

氣候方面，國土全境都位於冷溫帶，因此即使夏季溫度較高，但冬天有些地域甚至寒徹骨髓低到零下十度左右。宗教方面，據說有少數佛教徒、基督徒，但實際情況如何並不清楚。

由於日本和北韓沒有邦交，或許會讓人有北韓鎖國的印象。然而，**實際上和北韓沒有邦交的國家，包括日本在內只有三十五國**（至二〇一八年六月為止），與東協十個國家都有建立邦交，全世界邦交國計一百六十四國。

國務委員會是全國最高機關

在政治體制方面，北韓採社會主義體制，**國務委員會是國家主權的最高政策指導機關**。說「最高政策指導機關」，可能還是難以明白，

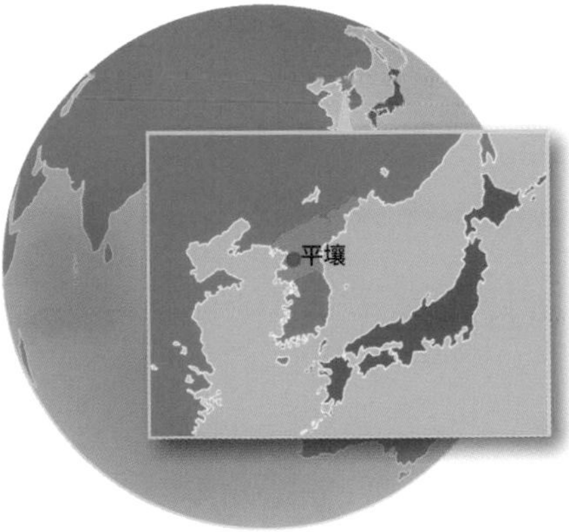

簡單來說，可以把它想成**國家的最高統率機關**。因此，委員長被視作「國家的最高權力領導人」，換句話說，就是一國的最高指導者，一國的統帥。

北韓的最高領導人，由金日成、金正日、金正恩三代世襲。金正恩是現在北韓國務委員會的第一委員長，他的父親，已故的金正日，被冠以「永遠的總書記（現在的國務委員會委員長）」職稱。

另外，金正恩同時也兼任朝鮮勞動黨委員長、朝鮮民主主義人民共和國國務委員長、朝鮮勞動黨中央委員會政治局常務委員、朝鮮勞動黨中央軍事委員會委員長、朝鮮人民軍最高

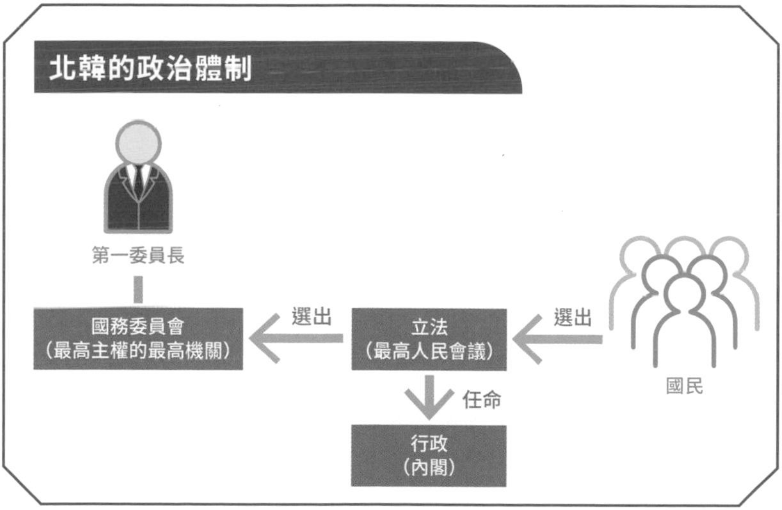

司令官。

議員選舉受到徹底監視？

根據日本外務省（外交部）資訊，北韓主要機關，除了前一頁提到的「國務委員會」，還有相當於日本國會的「最高人民會議」，執行行政功能的「內閣」、「朝鮮人民軍」等四個機構。

北韓議會的「最高人民會議」是一院制，計六八七議席，沒有解散制度。會議在位於首都平壤的萬壽台議事堂舉行。此外，最高人民會議是立法機關，但也負責選出國務委員會的委員，並有權任命內閣總理及閣員。

最高人民會議中的議員，是對朝鮮勞動黨中央委員會指名的候選人進行信任投票而選出。議

閒聊一下

直到近幾年前，北韓的領導人（現在的國務委員會委員長）仍然被稱作「總書記」。原本「書記」一詞是用於書寫記錄文字、文章的人，後因舊蘇聯時代社會主義國家稱最高權力者為「書記長」，而廣為沿用。然而，由於**已故的金正日被稱作「永遠的總書記」**，因此**金正恩就不使用總書記的名稱，而改稱「委員長」**。

員任期五年，十七歲以上的人具有投票權。

北韓雖然任何一個成年人都能成為選舉中的「候選人」，但實際上，似乎只有朝鮮勞動黨決定的人選才能成為候選人。

這項選舉採取強制投票制，據稱投票率達百分之百，實情如何不得而知。生病而無法投票的人，在選舉人登記時就被除外，另外，勞改營的人也沒有投票資格。

此外，選票上一開始就先印製「我支持〇〇〇成為代表」，贊成者不需要蓋章等任何動作，只需把票直接投入票匭；反對者則必須到登記台在選票上畫「×」再

萬壽台議事堂
Wikimedia Commons

閒聊一下

在北韓，很可能只是沒去投票就會被視作叛亂分子。因此，投票率或對候選人的支持率都幾乎高達百分之百。選舉的結果，因為不會有向反政府體制靠攏的結果出現，因此，選舉並不具有政治上的意義，而是更傾向確認選舉人名冊，如果名字列在選舉名冊上卻沒有去投票，就有可能已經脫北（從北韓逃至南韓）。

投票。因此，**只要走向登記台，就形同宣告是政府的叛亂分子**。北韓的叛亂分子會遭到逮捕，因此，這也可以視作是為了徹底監控而進行的選舉。

北韓所進行的這個形式上的選舉，因而被批評並非政治意義上的選舉，而是對外界宣告的形式化選舉。

朝鮮勞動黨之一黨獨裁

所謂的政黨，是持有共同政治思想者，為了實現理想目標而組織、付諸行動的團體。但在只要對政府持反對意見就會被視作叛亂分子的北韓，或許會被認為並不存在所謂的政黨。但是，即使在北韓，也有好幾個政黨，只不過，根據北韓憲法《朝鮮民主主義人民共和國社會主義憲法》的規定，所有政黨必須在朝鮮勞動黨的指導下，進行一切活動，因此就結果而言，北韓可以說是朝鮮勞動黨的一黨獨

朝鮮勞動黨以外的北韓政黨

黨名	主張
朝鮮社會民主黨	「獨立、主權、民主主義、和平及守護人權」為政治宗旨。
天道教青友黨	支持以朝鮮勞動黨的三大革命路線為民族共通路線。

裁制。

也就是說，雖然北韓如四十頁表所示有其他政黨，卻都歸屬在朝鮮勞動黨的指導下。

主體思想的根源，是三代世襲持續獨裁

北韓於一九四八年建國，經歷一九五〇年到一九五三年的朝鮮戰爭後，直到一九五八年第一次勞動黨代表者會議前，國內都是由金日成確立體制。

金日成體制在一九六六年宣告自主獨立路線，**一九七二年採行主體思想（金日成主義）為國家行動指導方針之社會主**

閒聊一下

大家可能都曾在電視新聞中，看到報導提到北韓時，稱為「**北朝鮮・朝鮮民主主義人民共和國**」。在一九七〇年代的新聞報導中，日本稱呼沒有邦交的北韓為「北朝鮮」，但是，由於遭到抗議，認為「北朝鮮」一詞，指涉的是朝鮮半島北部的詞彙，並不是稱呼一個國家的表現，因此才開始稱呼為「北朝鮮・朝鮮民主主義人民共和國」。本書中則是標記為「北韓（朝鮮民主主義人民共和國）」，英文名則標記為「North Korea」。

義憲法，在朝鮮勞動黨的指導下，決定國家體制的運作模式。而後，由於這個指導體制在徹底監視下發威，也沒有其他反對的力量，故現在仍然採行這個政治體制。

就徹底監視這一點來看，比方說，外國記者到北韓採訪時，必定有導覽人員同行。這並不僅是單純為了導覽，而是監視記者，對於發言進行管制。另外，對於前往北韓旅遊的人士，當然也有導覽人員同行，據說其實也是為了防止來自非邦交國的旅遊者捲入北韓的意外事故或事件，為避免衍生成外交問題，所以必須限制行動。

專有名詞　什麼是「主體思想」？

已故的金日成主席所提倡的思想，以馬克思列寧主義為基礎而形成的北韓指導理念。「主體」意指人是自己命運的主人，人民群眾是革命和建設的主人，不過，為了維持民族自主性，人民必須服從擁有絕對權威的首腦指導。

有投票權者高達八億以上！
投票只需一個按鍵就能完成

印度

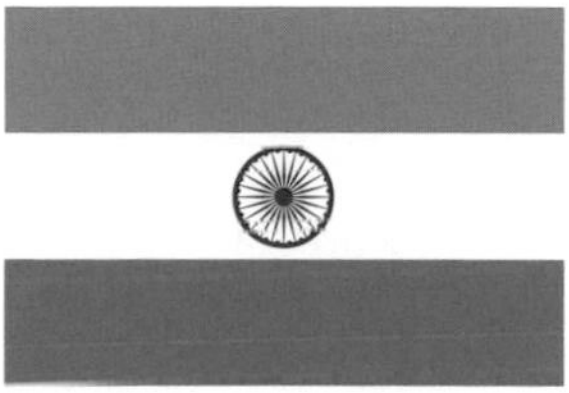

- 首都：新德里
- 面積：三二八・七萬平方公里
- 人口：十三億三九一八萬人
- 主要語言：聯邦官方語為印地語。其他記載於憲法中的二十一種語言。
- 平均壽命：六八・三歲
- 貨幣單位：印度盧比（一當地貨幣＝一・七六日圓）

印度人CEO席捲全球

印度人口超過十三億三千九百萬，僅次於中國，居世界第二位。根據聯合國經濟社

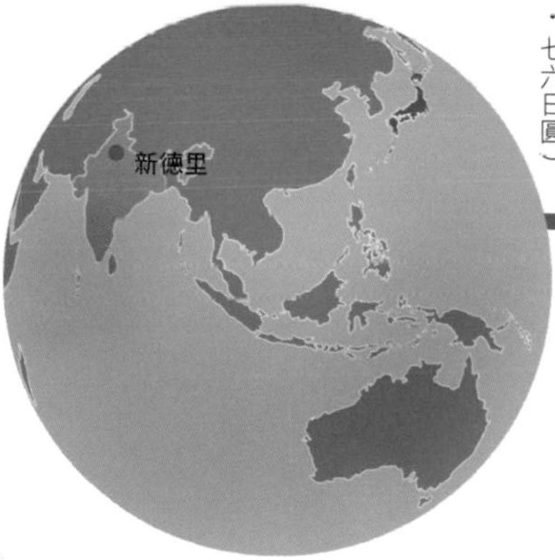

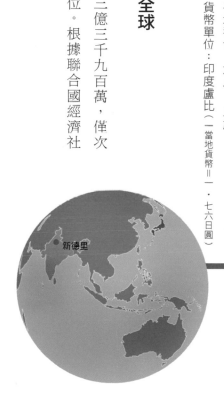

會局的發表，預估二〇二四年左右，印度將超越中國，位居世界第一。

宗教方面沒有國教（國家確立的特定宗教），信仰自由。比例方面以印度教為最多，占百分之八十，其次為伊斯蘭教、基督教、錫克教、佛教、耆那教。

另外，在經濟成長方面，光是高居十三億的人口，就使印度在國內擁有廣大的市場，近年更有**「二十一世紀將屬於印度的時代」**一說。實際上，國際上屈指可數的大企業ＣＥＯ（Chief Executive Officer／企業執行長），有許多都是由印度人擔任。

有投票權的公民達八億以上！全世界規模最大的選舉！

國土廣闊的印度，是一個劃分為二十九邦的聯邦共和國。每一個邦都有各自的民選政府，且分別設有總督及首席部長。相當於國會的聯邦議會，採行兩院制，分別是國民直接選舉議員組成的下議院（人民院），以及各邦議會議員為核心而組成的上議院（聯邦院）。換句話說，下議院代表人民，而上議院代表各邦。下議院議員每五年選舉一次，上議院議員則是每六年選舉一次。其中，下議院有二

閒聊一下

印度持續著耀眼的經濟成長，那麼，為什麼他們能做到這麼亮麗的成績呢？其中一個原因是**IT產業的發展**，而它的背景則是**「種姓制度」**的影響。

印度有百分之八十的國民是印度教徒，在印度教當中，有所謂種姓制度之身分階級劃分。種姓制度中，一出生就決定了身分，一輩子都無法改變。印度自古以來就因為種姓（身分），使得職業、婚姻受到限制，連個人自由也受到限制。**現在的印度憲法中，雖然禁止基於種姓制度而有差別待遇**，但有些地區仍遺留種姓制度的習慣。直到近年仍發生過種姓制度中最底層出身的男性，因為觀賞傳統舞蹈，遭到同席上層階級男性們怒而施暴致死的事件。

另外，種姓制度對於職業也有限制。不過，新興的IT產業因為沒有規範在種姓制度中的職業身分，因此任何人都可以從事IT相關的工作。尤其是種姓制度中的低層年輕人更是把就職目標放在IT產業，養成技術及知識的結果，印度因而發展出傲人的IT產業成績。

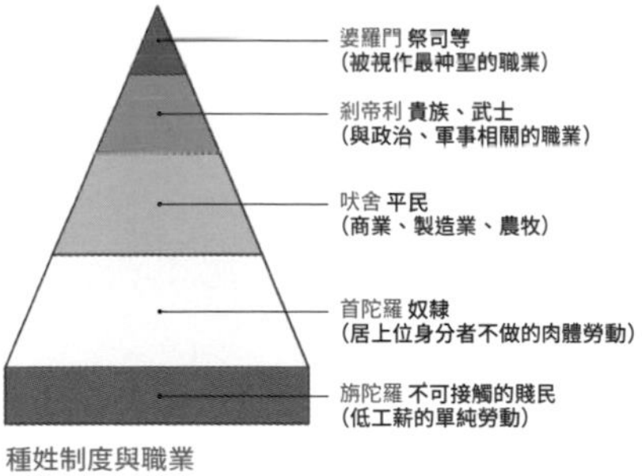

種姓制度與職業

名，而上議院有十二名的國會議員是由總統指名委任。通常，下議院占多數的第一大黨魁成為總理，這一點和日本相同。

另外，印度的聯邦政府設有總統及總理。不過，總統只是象徵性的存在，擁有的政治權力極為有限。**領導印度（政府）的是總理**。順便一提，印度十八歲以上就有投票權，**有投票權的人竟然高達八億人**，因而被稱為「世界規模最大的總選舉」。

全國大選是國家的浩大工程

印度因為有八億以上的投票人口，因此全國大選就成了國家浩大的工程。二〇一四年四月到五月舉行的第十六屆下議院議員大選，由東北部的阿薩姆邦等地區開始進行投票，依地區劃分為九階段，竟然

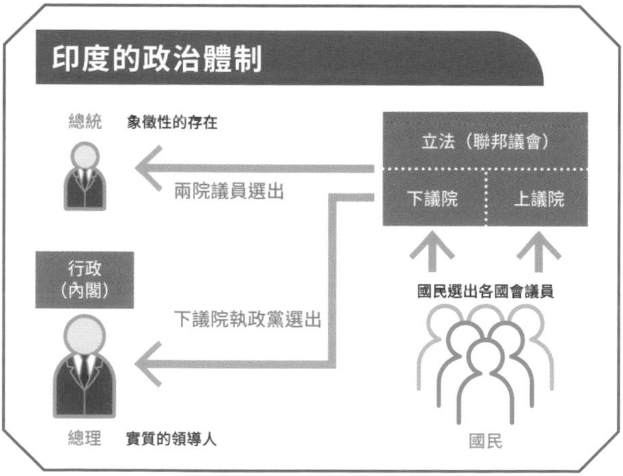

花了五星期的時間才完成。

根據部分報導，這個選舉所動員的投票所工作人員及警力，多達一千一百萬人。另外，選舉費用約達五千一百億日圓。相當於上屆（二〇〇九年）選舉時的三倍。與世界各國相較下，僅次於二〇一二年美國總統大選花費的七千億日圓，是有史以來第二高的選舉費用。順帶一提，這時的投票人數約八億一四五〇萬人，比二〇〇九年的大選增加約一億人。

一個按鍵就可以投票！

印度受惠於IT產業的發展的是**「電子投票機**（electronic voting machine／EVM）」。從二〇〇四年的下議院選舉開始正式啟用，只需一個按鍵就可以完成投票。

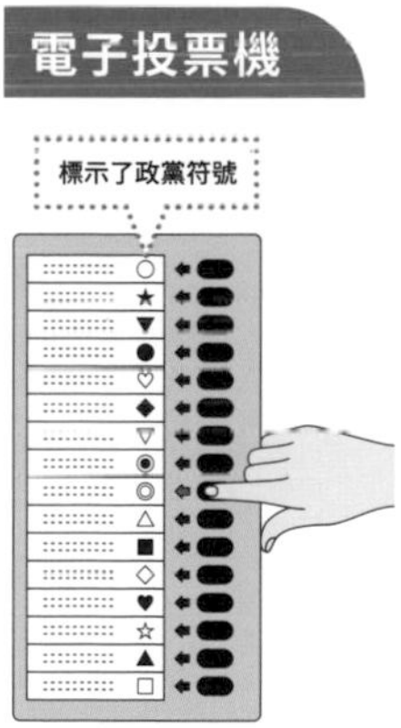

印度電子投票機（EVM）的參考圖。
一按下按鍵，箭號處就會亮燈。

識字率為百分之七十二・一的印度，

文盲並不少。不過，由於每個政黨規定了代表政黨的符號，只要依照符號按下想投票的政黨按鍵，任何人都能輕鬆投票。

兩大政黨的最大差異在於對宗教的解讀

印度向來都是「**印度國民大會黨**（Indian National Congress）」及「**印度人民黨**（Bharatiya Janata Party）」兩大政黨勢力相爭。尤其是「印度國民大會黨」，過去十八屆的印度總理，就有九屆是由該黨黨魁擔任，勢力龐大。

不過，二〇一四年的大選，以「印度人民黨」為核心的「國民民主聯合」組建了聯合政權，聯合政權的優勢仍然持續。另外，雖說是「兩大政黨」，但印度國內政黨數量極多，幾乎所有的政黨都顯示

印度國民大會黨及印度人民黨

	印度國民大會黨	印度人民黨
創黨	1885 年	1980 年
主張	「政教分離主義」（Secularism），以建立不同宗教能和平共存的社會為國家認同目標。	「印度教民族主義」（Hindu nationalism），認為應基於印度教作為國家認同目標。

積極參與政權的欲望。

順便一提，兩大政黨的政策，尤其在外交、安全保障、經濟、防止恐怖行動對策等國家整體事項上，「印度國民大會黨」及「印度人民黨」的主張內容，並沒有太大的差異。

但是，「印度人民黨」主張「基於印度教而建國」，相對的，「印度國民大會黨」則主張「政教分離主義」，就國家認同之根本主張來看，兩大政黨完全水火不容。

另外，年輕人口眾多的印度，每年約有一千萬年輕人投入勞動市場，因此，印度國內對於如何增加

印度其他政黨（依派系區分）

黨名	組成分子
印度國民會議派系	印度國民會議 國民會議黨 全印度草根大會黨
世俗派	人民黨 勝利人民黨 全國人民黨
左翼（主要為共產主義派系）	印度共產黨馬克斯主義派 印度共產黨等
地域主義派系	阿卡利黨 泰盧固之鄉黨 全印度安納達羅毗荼進步聯盟

年輕族群的雇用人數是一重大課題。而且，印度國民對於由少數精英族群掌控的政治生態，也抱著希望改變的期待。改善雇用問題及打造形象清新的政府，將成為今後印度政府有待解決的課題。

專有名詞　「總選舉」和「通常選舉」的差異

我想多數人可能沒有特別注意，日本的「總選舉」和「通常選舉」在意義上有所不同。**「總選舉」**是指**選出所有的議會議員**；而**「通常選舉」**則不是選舉全部議員，而是**選舉一部分的議員**。大家對於日本的「參議院」議員選舉應該略有所聞，日本參議院議員進行半數改選時，稱為「通常選舉」，「眾議院」的議員選舉，因為是選舉全部的議員，所以稱為「總選舉」。

國王統治的君主專制國家
國家權力多數集中於國王

沙烏地阿拉伯王國

- 首都：利雅德
- 面積：二二〇・七萬平方公里
- 人口：三三九三・八萬人
- 主要語言：官方語言為阿拉伯語
- 平均壽命：七四・五歲
- 貨幣單位：沙烏地里亞爾
（一當地貨幣＝三〇・三四日圓）

不僅學費、醫療費用，連住宅也是免費供應？

沙烏地阿拉伯王國（以下簡稱「沙烏地阿拉伯」），是位於中東的**君主專制國家**（有關君主專制，請參考第二十二頁）。土地面積約二百一十五萬平方公里，約日本的五倍左右，但國土有三分之一是沙漠地區。

宗教方面，沙烏地阿拉伯的**國教是伊斯蘭教**，國內有伊斯蘭教最大聖地的麥加。國民禁止信仰其他宗教，在沙烏地阿拉伯要取得國籍時，必須先改信伊斯蘭教。

經濟方面，石油產量豐富，占世界第二位，可說是較為富裕的國家。國家對國民的支援極大，基本上學費、醫療費都免費，視情況連住宅（補助）都可能無償支付。

立法權、行政權都由國王掌控

沙烏地阿拉伯屬於君主專制國家，**國家權力集中於國王一身**。沙烏地阿拉伯雖然也有首相，卻都是由國王兼任。

而且，姑且不論是不是能稱為國會，沙烏地阿拉伯設置了相當於其他國家立法機關

的「沙烏地協商會議」，所謂的諮詢，雖然意味著「徵詢意見」，然而這個評議會只有「法案提出權」，實質立法權則屬於國王。不妨想像成是一個向國王提出意見，徵求「這樣的法律您認為如何？」的機關。順便一提，議員人數為一百五十人，任期四年。

沙烏地協商會議為一院制，議員擁有專業知識，從誠實、有才能，三十歲以上出生於沙烏地阿拉伯的公民中選出。有權挑選議員的是國王，也就是國王任命制。

另外，並設有相當於日本內閣的機關——「閣僚評議會」。

沙烏地阿拉伯的政治體制

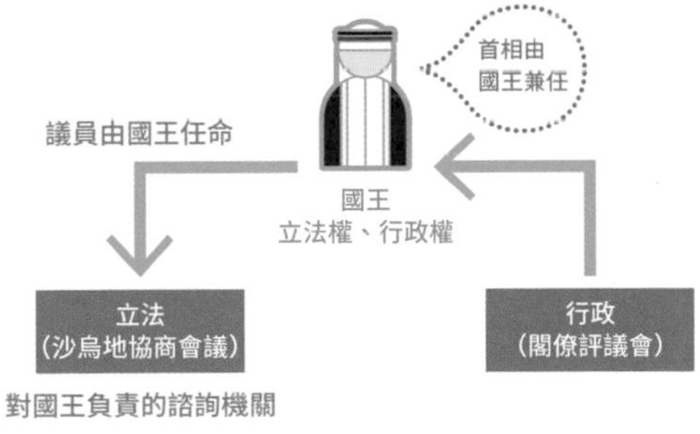

國民毫無投票權？

既然沙烏地協商會議的議員完全由國王任命的話，可能會令人產生一個疑問，「人民還擁有投票權嗎？」的確，就**國政層級**來看，**國民沒有投票權**。

沙烏地阿拉伯也有**相當於日本地方自治體的「自治評議會」**，**國民有權選舉**這個評議會的成員。這個自治評議會的成員，三分之二透過選舉決定，其餘的成員由政府任命。二〇一五年十二月舉行的選舉競爭激烈，計有六千九百一十七位候選人，爭奪二千一百零六席的議席。

不過，自治評議會也只是對地方政府的建言機構，並沒有設立法令的權限，可

閒聊一下

沙烏地阿拉伯的官方語言「阿拉伯語」，書寫方向是由右至左。沙烏地阿拉伯國旗上的文字，是以美化體的阿拉伯文寫出「萬物非主，唯有真主，穆罕默德，阿拉使者」（下方為原始清真言）。這是伊斯蘭教在禱告時使用的清真言，在伊斯蘭教徒的證人前以阿拉伯語唸誦時，即被視作伊斯蘭教徒。

لا إله إلا الله محمد رسول الله ——原始清真言。

說並沒有實質上的立法權。但是，自治評議會對於打造市鎮的行政只要有提出意見的權限，就有可能讓國民的意見反映在政治上。二〇一五年十二月的選舉，全體投票率為百分之四十七，雖然偏低，但考量到自治評議會的權限，或許也不能說投票率過低。

飽受各國批判的女性人權問題

沙烏地阿拉伯的國內法，是基於伊斯蘭教遜尼派的原理主義（Wahhabism）而設立，對於男女的差別待遇是一大特徵。

比方說，女性服裝有嚴格規定，女性外出必須以「希賈布」罩住頭部及身體。此外，女性禁止與家族以外的男性接觸；女性不論旅

專有名詞 什麼是「勅令」？

「勅令」一詞平時可能較為少見，**指國王、皇帝、天皇等君主直接發布的命令、法令。**順便說明，所謂「法律」，在日本指「國會」所設立的規範。「國會」以外的機關（各省廳或地方自治體）所設立的規範，稱為政令、省令（命令）、條例等，以便區別。另外，法律、政令、省令、條例等各種規範，又統稱為「法令」。

行、工作、接受醫療等，都必須有男性保護者陪伴，或是書面許可才行。沙烏地阿拉伯的女性，在日常生活中實際上受到各式各樣的限制。

另外，沙烏地阿拉伯的女性原本也禁止開車，女性無法考駕照，如果開車被看到了，甚至可能被逮捕。因此，多數家庭為了接送女性，會雇用私人的司機。

不過，二〇一七年薩勒曼國王發出女性可以開車的**敕令**，因此，二〇一八年六月二十四日，沙烏地阿拉伯女性駕駛終於解禁，發給許多女性駕照。受到男女平等的世界潮流影響，沙烏地阿拉伯也逐漸轉變。

這些對女性的約束，也呈現在政治面上。例如相當於日本地方自治體的「自治評議會」選舉，**直到二〇一五年為止，女性都沒有投票權與被選舉權**。

這一點也受到國際的批判，於是在二〇一五年十二月的選舉，女性終於實現參與政治的願望。這次選舉中，

閒聊一下

沙烏地阿拉伯並**沒有政黨**。由於立法權屬於國王，可以說並沒有組成政治性的團體。正確來說，應該說**政治性的結社**（所謂結社就像是組成團體）是**被禁止的**。

女性也被認可推出「候選人」，沙烏地阿拉伯誕生女性議員。前面提到這項選舉投票率為百分之四十七，如果單就女性來看，投票率則超過百分之八十。

另外，和國政相關的沙烏地協商會議的議員，是由國王直接委任（參考第五十三頁），這些議員過去只限男性，直到二〇一三年才首次由國王任命三十位女性議員，維持到現在。

國名來自「沙烏地王朝而形成的阿拉伯王國」

「沙烏地阿拉伯王國」國名的正式名稱，是指「沙烏地家建立的阿拉伯王國」。也就是說，沙烏地阿拉伯是由**「沙烏地家」這個皇族統治的王政國家**。

一七〇〇年代中期，沙烏地家族是統治阿拉伯半島中央「內志」地方一個小城鎮的豪族。當時這個地區因

閒聊一下

國旗下方的「白刀」是代表沙烏地家代代相傳的**國寶彎刀**。這是象徵捍衛國內的伊斯蘭教兩大聖地麥加及麥地那。

為穆罕默德·伊本·阿布多·瓦哈比而興起新興的伊斯蘭教宗教運動（這個運動被稱為瓦哈比派），由於瓦哈比派與沙烏地家的合作關係，使得沙烏地家勢力不斷擴大。

之後，雖然沙烏地家一再歷經滅亡與重建，但經年累月下來，統治領域一再擴大，發展為中東的一大王國。一九三二年國名變更為「沙烏地阿拉伯王國」而維持到現在。

正如沙烏地阿拉伯王國的國名顯示，是由沙烏地家出身者統治的王國，而君主專制的政治體制也保留至今未變。

IG打卡常出現有天台泳池的飯店，
原來是個「文明獨裁國家」！

新加坡共和國

- 首都：新加坡
- 面積：七一九平方公里
- 人口：五七〇・八萬人
- 主要語言：官方語言為標準漢語、英語、馬來語、坦米爾
- 平均壽命：八二・六歲
- 貨幣單位：新加坡元（一當地貨幣＝八二・三二日圓）

締造「亞洲奇蹟」的經濟成長

新加坡共和國（以下簡稱「新加坡」）位於馬來半島南端，緊臨馬來西亞的都市國家，包括新加坡島及五十五個周邊小島，**面積大小約等於東京二十三區**。

因為大約位於赤道正下方的位置，整年高溫多溼，五到九月常發生雷暴。

宗教方面，信仰佛教的人最多，其次是基督教、伊斯蘭教、道教、印度教。一九六五年從馬來亞西獨立後，經濟方面成長快速，為東協頂尖，譽為**「亞洲奇蹟」**。在人力發展及教育方面也傾注全力，OECD（經濟合作暨發展組織）舉辦的國際學測中，新加坡學生在 PISA、TIMSS 評比，於二〇一五年獲得全球冠軍。

只有八十九位國會議員

在政治體制方面，新加坡的國會為一院制，議員人數只有八十九人，和議員人數七百零七人（眾議院四六五人、參議院二四二人）的日本相較之下，或許會覺得人數很少，但考量到新加坡人口大約只有五百七十萬人，其實也不算太少。

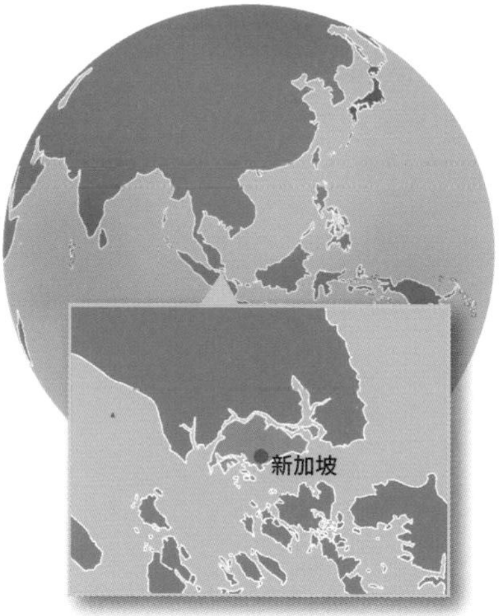

新加坡的國會議員是由國民直接選舉，任期五年。投票權及被選舉權都是從二十一歲開始。新加坡的投票率高達百分之九十以上，投票率極高是一大特徵。因為若是沒去投票就會從選舉人名冊上刪除，若是想恢復，需透過申請程序或罰金（五十新加坡元）之罰則（強制投票制）。

另外，新加坡總統也是由國民直選產生，但權限並不大。**握有政治實權的是總理**。總理由國會議員選舉產生，每一屆都是由議會最大黨的黨魁（書記長）出任總理。

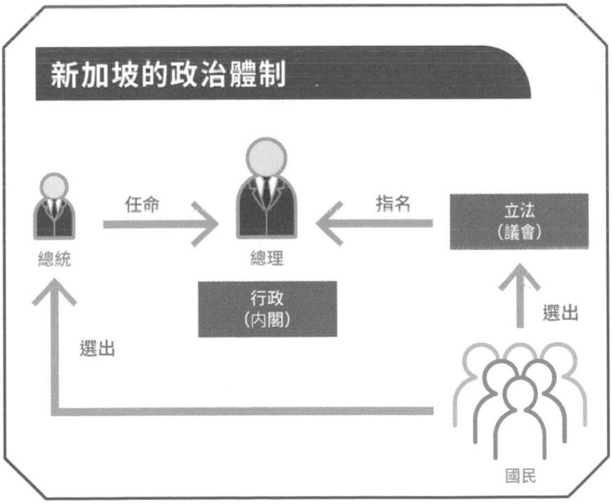

新加坡被稱作「文明獨裁國家」的原因

新加坡雖然並非社會主義國家，但是建國以來，始終由**特定政黨獨占政治權**

力。而且，國內的各種規制或對政治活動的限制，尤其是媒體報導，極其嚴格（二〇一七年的全球報導自由度排名，在全球一百八十個國家當中居一百五十一名），因此而被批評是一黨獨裁，甚至被嘲諷是「文明獨裁國家」。

新加坡於一九六五年從馬來西亞獨立出來，被稱作建國之父的首任總理李光耀揭櫫「專注經濟」、「追求繁榮」，積極進行國內開發，他主張的政策奏效，從獨立後的五十多年期間，使得國內經濟有顯著發展。

同時，直到李光耀一九九〇年辭去總理職務期間，皆由他帶領**人民行動黨**執政，持續推動國家的建設。即使限制國民某個程度的自由，也要以經濟繁榮為最優先，可以說是獨裁文明國家。

新加坡的休閒渡假飯店「濱海灣金沙酒店」。
三棟高聳入雲的大樓（57 層建築），頂樓相連，天台設置了無邊際游泳池。
Wikimedia Commons：照片提供 Someformofhuman

以壓倒性多數長期把持政權的「人民行動黨」

就如前面的敍述，**新加坡從建國以來，就是由「人民行動黨」持續把持政權**。而且，在選舉方面也持續壓倒性的勝利。比方說，二〇一五年的全國大選，人民行動黨在總數八十九議席中，獲得八十三席。

而且，採取一院制的新加坡，在不會有其他議院牽制的情況下，很容易形成一黨獨裁的政治體制。

新加坡也被批評，因為對在野黨行使言論箝制的關係，使得「人民行動黨」更易在選舉中獲勝，其他政黨（在野黨）的勢力究竟多麼微弱，參考下表就能一目瞭然。

此外，新加坡國會議員分為「集選區」制（幾個候選人須組成一支團隊，集選區的選民投票給一支候選人團隊，而不是個別候

「人民行動黨」以外的新加坡政黨（2018年統計）

黨名	獲得議席
勞動者黨	6
國民團結黨	0
新加坡民主黨	0
新加坡人民黨	0
新加坡民主聯盟	0
革新黨	0

選人），以及「小選區」制（各選區一人當選）。雖然競選演說等選舉活動非常熱絡，但政治活動的場所受限制，也禁止演藝人員等同台助選。再者，日本選舉常見的「出口民調」（訪問剛完成投票的選民投票意向之民意調查）也被禁止，違反者將被科以拘役或罰金，對政治活動的規範可說是相當嚴格。

首相全年薪資超出兩億日圓

新加坡近年因為第一任總理李光耀的遺言而爭議不斷，李家的分裂引起極大關注。這是因為有關李光耀宅邸是否要拆除，長男李顯龍（二〇一八年時為新加坡總理），和弟弟、妹妹產生對立。而新加坡國內甚至演變成李顯龍總理必須在國會說明分裂過程的嚴重事態。

總理受到批評在新加坡是極為罕見的情況，對於以**鮮少發生官員貪汙的國家引以為傲的國民而言**，更是一大事件。

新加坡極少發生官僚貪汙，其中一個原因和公務員待遇有關。新加坡公務員待遇在全球原本就有極高水準。比方說，總理薪資約為日圓兩億以上，據說是全球國家元首當中最高金額。可能是待遇優渥的緣故，**幾乎不曾發生收受賄賂等政府機關的腐敗行為**。至於日本總理大臣的年收入，包括年終在內約為四千萬日圓。

權威性和獨裁政治是一體兩面

新加坡在一八二四年成為英國殖民地，作為東南亞貿易據點而有所發展。第二次世界大戰被日本占領，戰後再度成為英國殖民地，然後在一九六五年完全獨立。

讓人民行動黨持續掌控政權的政治體制，開端在於讓新加坡獨立的李光耀，而李光耀率領的正是人民行動黨。資源少的小國新加坡，要與全球競爭，需要具權威性與經濟手腕的領導人。李光耀被定位為

貪汙少的國家排名（2017年）

排名	國名	排名	國名	排名	國名
1	紐西蘭	3	挪威	6	新加坡
2	丹麥	3	瑞士	8	荷蘭
3	芬蘭	6	瑞典	8	加拿大
				8	英國

國際透明組織（TRANSPARENCY INTERNATIONAL）官網製作

獨裁者，但同時也發展出經濟成就，樹立屹立不搖的地位。獨立後的發展目標，雖然在國際地位獲得肯定，但徹底限制言論及結社自由，在野黨失去功能，理所當然會被批評為獨裁政治。

李光耀辭去總理後，吳作棟是繼李光耀的第二任總理，從二〇〇四年起則由李光耀的長男李顯龍成為總理。

歷代新加坡總理（至 2017 年為止）

專有名詞　什麼是「都市國家」？

「都市國家」的專有名詞，並沒有被明確定義。不過，我們可以把它想成**當一個都市在政治上獨立，而形成一個國家**時，這個國家（都市）就稱為都市國家。

比方說若是「東京」從日本獨立出來，成為一個國家時，我們就會把東京稱為都市國家（必須有居住人口）。

閒聊一下

一般認為新加坡是安全又整潔的國家。其目標是為了成為和平、美麗的國家，因而訂定了形形色色的法令（罰則）。

比方說，很多人可能聽過在新加坡亂丟垃圾會被科以罰金；另外，依照不同場所，禁止餵食小鳥或嚼口香糖。塗鴉或破壞（損壞公物）行為，不僅罰金，有可能必須坐牢或遭到鞭刑。雖然已是幾年前的事了，曾有美國高中生在公車上塗鴉而被處以鞭刑，當時的美國總統柯林頓，曾提出減刑的要求，連日本也有報導這則新聞，由此可知即使是外國人也會被處以鞭刑。

新加坡現在仍有鞭刑，二〇一七年八月，曾有三個英籍越南裔的男性，因為性侵馬來西亞籍女性，因而被處鞭刑。順便一提，新加坡國內，持有一定程度的毒品，會被處以絞首刑罰。

新加坡有「世界最佳機場」，更是「最容易居住的都市」、「最適合從事貿易的國家」等全球居冠的成績，但這個豐富的成果，可以說是嚴格執行規範所致。

最好不要過度鑽研？「共和制」的概念

最後的內容稍微脫離新加坡，我們先談一下「**共和制**」這個詞彙。之所以要介紹，其實也是因為新加坡的政治體制屬於「**立憲共和制**」。

所謂「共和制」，粗略地說就是**沒有**君主（國王），而是由國民選出總統（或相當於總統的領導人），有國家元首的政治體制。或許也可以說是國民擁有主權的國家。新加坡沒有君主（國王），雖說權限不大，仍然有國民直選的總統。

另外，為了防止國家元首行使獨裁政治，根據憲法來規範國家元首權限的共和制，就稱為「立憲」共和制。

但是，這個概念因為有模糊地帶，最好不要過度鑽研，依照**歷史慣例**（**過去就是這麼分類等**），所以現在也是這麼分類，以這樣的概念來區分可能比較清楚。

比方說，日本有「天皇」，也可以說是有「君主」存在的體制。過去的日本天皇有政治上的權力，日本可以說是立憲「君主制」（而非共和制）。但是，現在天皇並沒有政治權力，所以也有人認為並非「君主立憲制」，而是「象徵君主制」。另外，雖然有一國「首相」，其實相當於國家元首（雖然並非由國民直選），所以就評斷方式來看，也可以說日本是立憲共和制。

日本的國家體制，一起來認識！

日本

- 首都：東京
- 面積：三七・八萬平方公里
- 人口：一億二五五八・四萬人
- 主要語言：日語
- 平均壽命：八三・八歲
- 貨幣單位：日圓

環繞東西南北三千公里！專屬經濟海域面積居世界第六位！

不用我多說相信大家也知道，日本是位於亞洲東側，呈弓型的一個島國。最東側的南鳥島及最南側的沖之鳥島都屬於東京都的範圍，是無人島。南鳥島只允許自衛隊及氣象廳的人登陸。

最西側的與那國島是潛水愛好者的喜愛景點，最北側的擇捉島則沒有日本人居住。**若只看日本東西南北的專屬經濟海域，約為陸地面積的十二倍**，日本成為**世界第六大國**。若是看陸地面積，在全球大約兩百個大國排行中，日本則占第六十一名，可見**從全世界的角度來看，日本被歸類到較大的國家**。

日本的宗教方面，神道教為百分之八十五，佛教為百分之六十八．五，基督教為百分之一．九。有意思的是如果統計包括兩種以上的信仰，則超過百分之一百。

順帶一提，稱作「日之丸」的國旗為「日章旗」，是在一**九九九（平成十一）年才根據《國旗及國歌相關法律》，在法律上正式制定為國旗**。

再次溫習日本的政治體制

那麼，我們先重溫有關日本的政治體制吧！眾所周知，**日本屬於三權分立的政治體制**，立法（國會）、司法（裁判所）、行政（內閣）各機關，分別有各自的權限。這是為了防止國家權力集中於一個機關，權力遭到濫用。

另外，口本雖有名為天皇的君主，但是，天皇只是「日本和口本國民統合的象徵」，只能在內閣建議或同意下，行使憲法規範的「關於國事之行為」。君主地位的天皇所採取的行為必須受憲法規定、限制，所以一般認為日本屬於「君主立憲制」。

附帶說明一下，不需要把「象徵」一詞想得過度複雜，就像人們常說「鴿子是和平的象徵」，亦即看到天皇，就會想到日本（人），類似這種象徵性的存在。

日本的國會是分為**眾議院與參議院的兩院制**。眾議院議員任期四年，議員人數固定為四百五十六人，但是任期中途有可能解散（喪失議員身分）。

參議院議員任期為六年，每三年有一半的參議院議員改選，議員人數固定為二百四十二人。由於參議院沒有解散制度，所以只要當選，原則上六年

專有名詞　什麼是「關於國事之行為」？

所謂的「國事行為」，就是以憲法規範天皇所行使的行為（日本國憲法第七條）。具體說來，就是必須公布法律，必須接待外國大使及公使等行為。而「接待外國大使及公使」，指的多半是招待晚宴、迎賓款待等。

期間都是議員身分。

之所以採用「兩院制」，是基於國會是制定全民應遵守規則（法律）的場所，所以必須經過一再討論，慎重決定為主旨。換句話說，就是防止某一方的議院發生濫權的狀況。

然而，兩院制雖有審慎研議的優點，相反的也有難以達成共識，無法作出結論，可想而知耗損的花費也更多等缺點。

順便說明一下，放眼世界各國，行使兩院制並不是只為了防止單一的議院濫權。像美國這類領土遼闊的大國，各地區（州）擁有的權限幾乎等同一個國家，各地區（州）的氣候不同，甚至有時差、文化的差異。因此，完全不考量

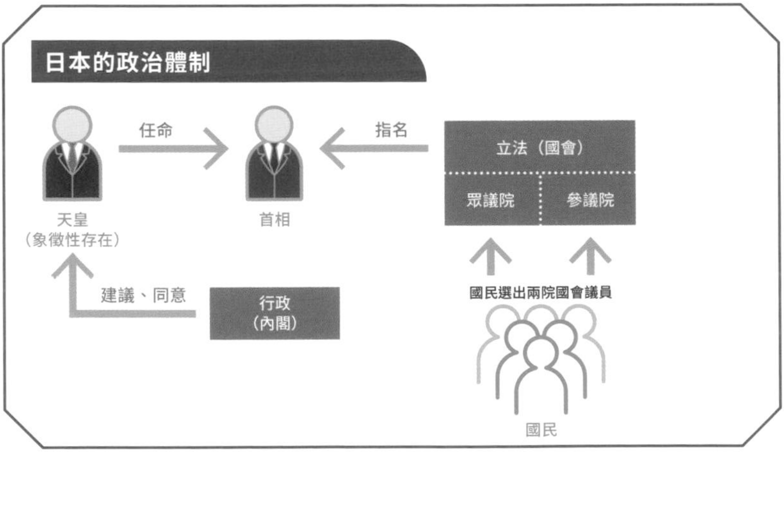

各地區（州）的狀況，要求全國遵循同一個規則有其難度。像這類聯邦國家的「國會」，有不少國家會採取各司其職的兩院制，一個是研議全國整體事務的議院，另一個則是研議各地區（州）事務的議院。

話題回到日本，掌控日本行政權的是內閣（政府），相當於內閣領導人的首相（內閣總理大臣）是由國會指名，也就是說，國會的代表者成為政府的領導人。**像這樣的國會與內閣的互相合作關係制度所組成的內閣制**，應該可以了解吧。國會代表者成為政府領導人，也就意味著在國會掌控政權的政黨（執政

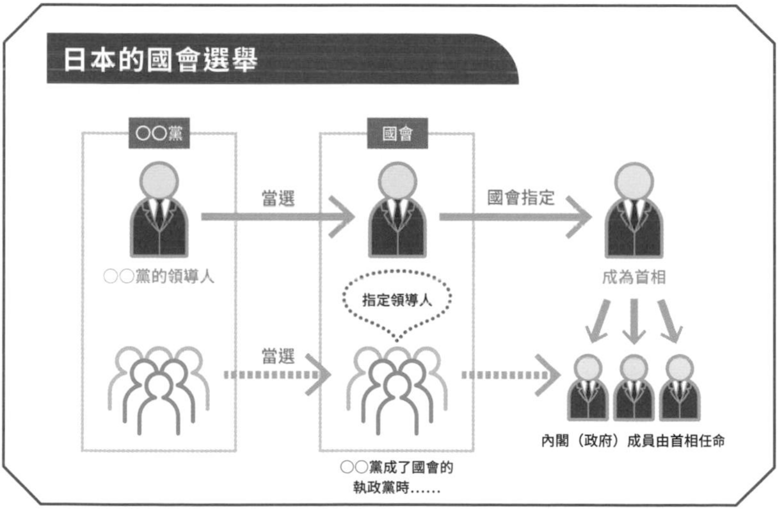

黨）的代表者，會成為日本的首相。

日本向來可以說幾乎是由「自由民主黨（自民黨）」成為執政黨，因此自民黨的黨主席照例就是日本的總理。因此，決定自民黨由誰來擔任主席的選舉（總裁選舉）就會被大幅報導。

你能說明國會議員的選舉嗎？

談到日本的選舉制度，我想應該有很多人覺得自己似懂非懂吧？以下就介紹有關國政的「國

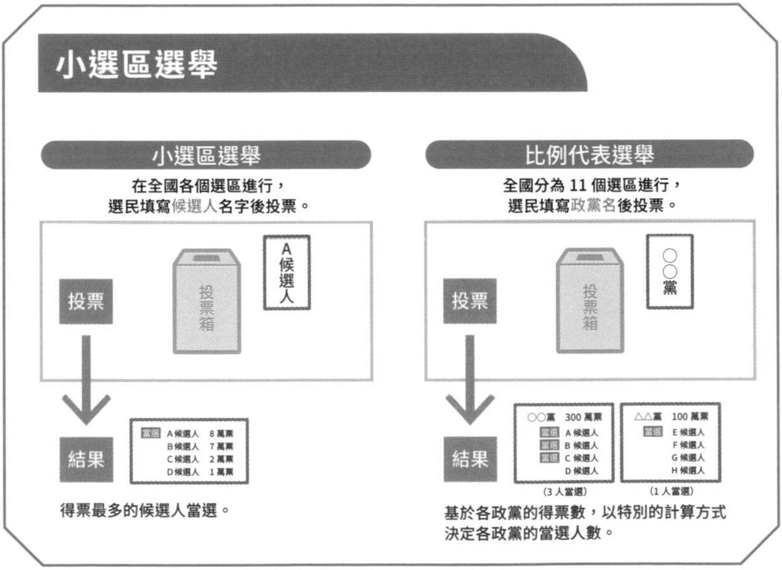

會議員」選舉制度。

首先是**眾議院**的議員選舉，因為必須選出全員，所以稱為「總選舉」。**總選舉和小選區選舉及比例代表投票選舉的投票在同一天進行**。並且，也會同時進行「最高法院大法官國民審査」，所以選民必須在投票日進行三種投票。

小選區選舉是將全國劃分出「選區」，由選區中得票人數最多的候選人當選，因此就會如同七十四頁圖左例，B候選人獲得七萬票照樣落選，等於這七萬名投票者的意向無效（稱為「死票」）。因此，投票比例能反應

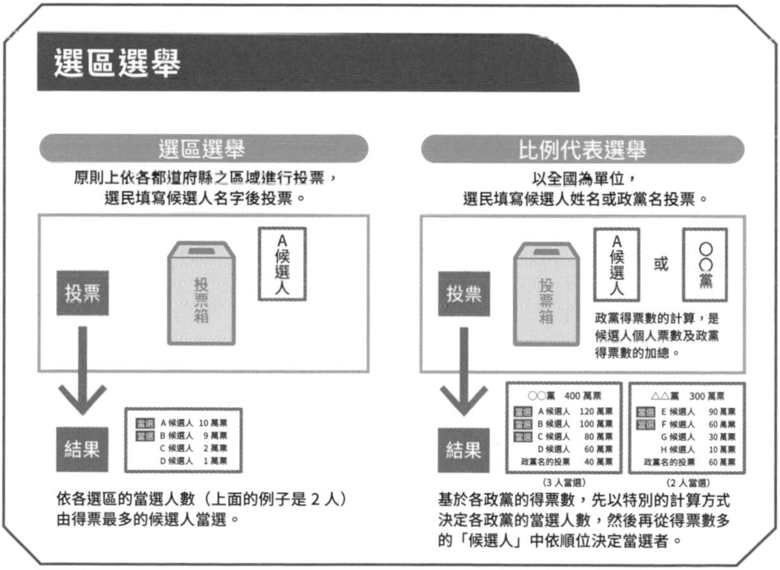

在結果上的，就是比例代表選舉。

其次，選舉參議院議員（半數）的選舉，通常是在任期屆滿（六年）的時候舉行。由於憲法規定參議院議員每三年替換半數的議員，所以每三年要選舉一次半數的議員。因為**並非重選所有議員**，**所以參議院的選舉稱為「通常選舉」**。

參議院的通常選舉分為「選區選舉」與「比例代表選舉」兩種投票來進行。「選區選舉」是把全國劃分成各個選區，和眾議院的小選區選舉相同，不過，當選人數並不是只限一個人，這一點和小選區選舉不一樣。

另外，「比例代表選舉」則和眾議院不同，選民填寫「候選人」或「政黨名」來投票。這是因為**眾議院的比例代表制屬「封閉式名冊」，依照各政黨提出的名冊順位來決定當選者，而參議院則是「非封閉式名冊」，因此名冊上沒有順位，而是依照各候選人本身的得票高低，來選出當選者。**

閒聊一下

日本產生「外籍總理」的可能性？

有關日本國會議員的雙重國籍曾經形成話題。這個問題所要探討的根源，在於決定日本方向的國會議員，適合由外國人來擔任嗎？對這個問題的見解有人支持也有人反對。不過，日本過去確實曾有「外國出生」的國會議員。出生於芬蘭的弦念丸呈，在取得日本國籍後，曾擔任了兩屆的參議院議員。

然而，**原本日本「原則上」並不承認雙重國籍**，但是有些國家根本沒有「國籍喪失」的制度（一旦擁有國籍，就不可能有註銷的狀況），當擁有這類國家的國籍歸化為日本國籍時，**實際上就是雙重國籍**。

那麼，再進一步探討，**持有外國國籍的人是否可能成為日本的「總理」呢？**這一點，就現實面來看，**應當不可能**。但是，**就法律上來看則有其可能性。**

日本總理是從「國會議員」中，透過國會指名選出。而「國會議員」的被選舉權，必須擁有日本國籍，眾議院要滿二十五歲以上；參議院則要滿三十歲以上的人才有資格。換句話說，若是因為某些因素而同時具有外國國籍及日本國籍，一旦當選國會議員，就有被指名為總理的「可能性」。

專有名詞　「委員會」在做什麼工作？

國會中由國會議員分成幾個「委員會」，分擔各個不同的工作。因為事實上並不可能在國會的主會議場，聚集所有國會議員，研議各種不同的專業內容。參眾兩院各自有十七個常任委員會分工運作，比方說，議院營運委員會決定主會議的日程，而預算委員會則負責思考國家預算的運用。

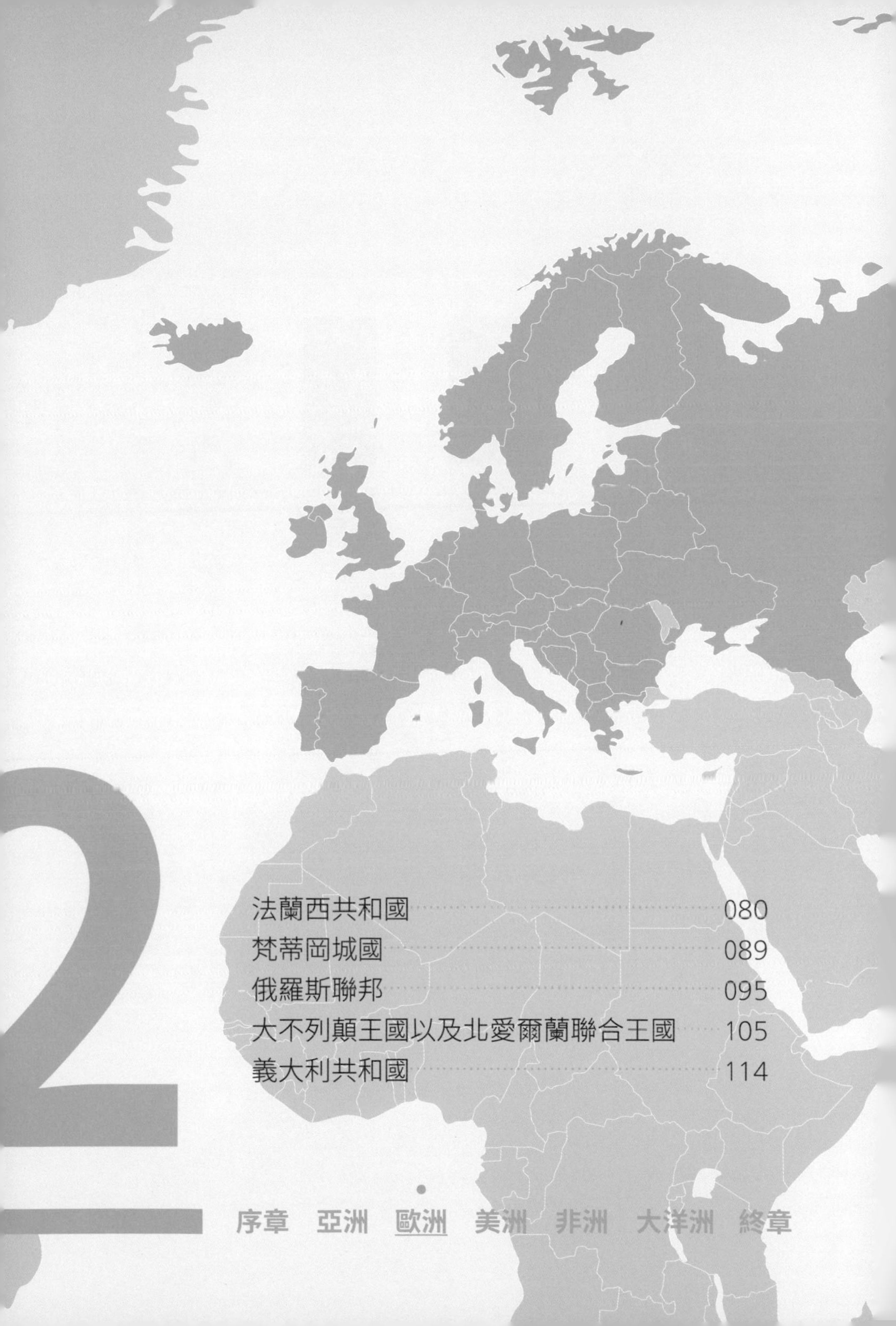

2

序章　亞洲　歐洲　美洲　非洲　大洋洲　終章

世界少見候選人男女搭配的國家

法蘭西共和國

- 首都：巴黎
- 面積：六四・一萬平方公里
- 人口：六七二二・六萬人
- 主要語言：法語（官方語言）
- 平均壽命：八二・七歲
- 貨幣單位：歐元（一當地貨幣＝一二九・八五日圓）

觀光人數三十年以上都是全球第一！

法國共和國（以下簡稱「法國」）為歐洲大陸西部的大國，面積大約日本的一・五倍。除了阿爾卑斯山脈、庇里牛斯山脈以外，大半是平地及肥沃的土壤，為世界最大的農業國。主要糧食幾乎是自給自足，所以穀類、紅酒、牛奶等還能有充分的產量輸出到歐洲各國。

另外，有「藝術之都」美譽的首都巴黎，擁有艾菲爾鐵塔、羅浮宮美術館、巴黎凱旋門等觀光景點，法國的觀光客人數維持三十年以上的世界第一名寶座。

法國的宗教，約百分之六十四為天主教，其他則是各占少數的基督新教、伊斯蘭教、佛教、猶太教。

權力關係一半一半？法國的半總統制

法國屬於半總統制（參考第二十二頁）的政治體制，同時擁有總統及總理。

印度（參考第四十六頁）雖然也有總統及總理，但印度的總統只具象徵意義，毫

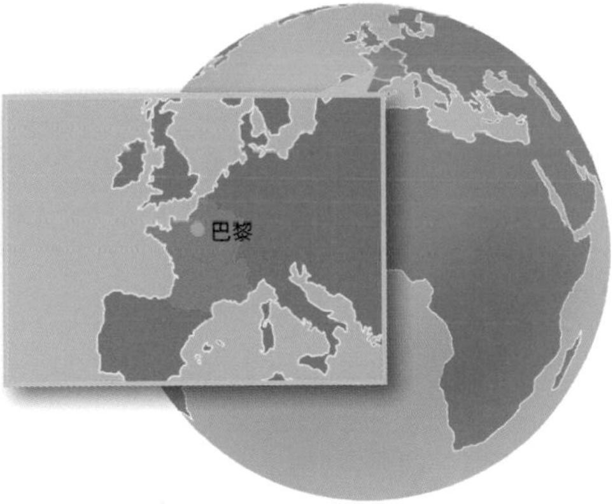

無政治影響力。但是，法國為了讓國內外的政治事務都能順暢進行，**總統及總理各自分擔權力，兩者都握有政治權力**。大致上只要記住外交問題主要是由總統負責；內政問題則由總理擔當就可以了。

附帶說明，總統是由國民直選，實際上的地位優於總理。總理是由議會經由下議院的指名，再由總統任命。形同政府領導者的總理由議會選舉來看，就可以明白是採行議院內閣制的形式。半總統制雖然設置握有權限的總統，也採用議院內閣制這種「各取優點」的制度。

「配額制」是什麼意思？

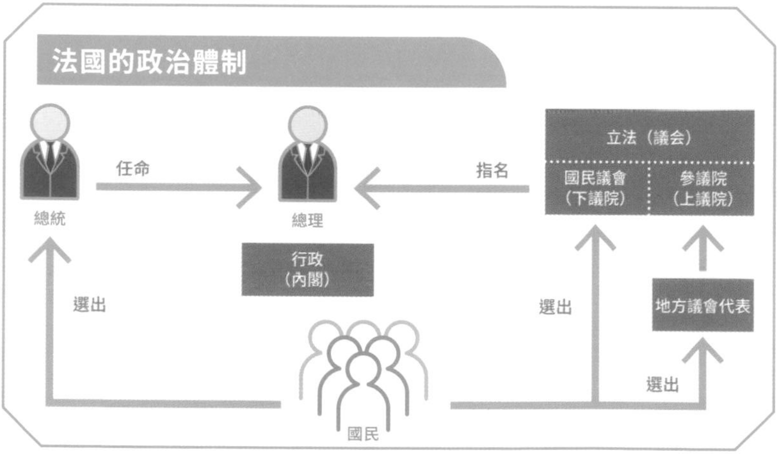

你聽過「配額制」這個制度嗎？所謂「配額制」，就是在遴選雇員或議會議員時，為了避免性別、人種上的偏見，所以事先制定男女等分配比例的選拔制度。

法國在二〇一五年的縣議會選舉中，同意採行以男女兩人一組為候選人，由選民針對組別投票的選舉制度。由於法國的女性政治參與較晚，二〇〇〇年時，為了讓候選人數能夠男女相同，故而制定《候選人男女平等法》。**男女一組作為候選人，以組別劃分來競選議會議員**，理所當然地，議會議員的男女比例就會是一比一。換句話說，由於引用「配額制」，二〇一五年的選舉結果，全法國的男性縣議會議員人數就會和女性相等，同樣是二〇五四人。

配額制的結構

男女一組的候選人

競選海報
當然也是兩人一組。

議員人數的男女比例
當然會是一比一。

順便一提，日本國會女性議員的占比為百分之一〇．一，就全球來看比例相當低。二〇一八年五月日本總算成立促進女性議員增加的《候選人男女均等法》。

採用先進國家罕見的決選投票制

有關選舉，法國每五年實施一次總統大選及國會議員選舉。法國國會採取的是「參議院（上議院）」和「國民議會（下議院）」的兩院制，但國會部分，由國民直接投票選出的只有「國民議會」。

「參議院」的議員，是透過各地方議會代表而形成的「選舉人」，進行間接選舉而選出。由於選舉人的選出，是國民所

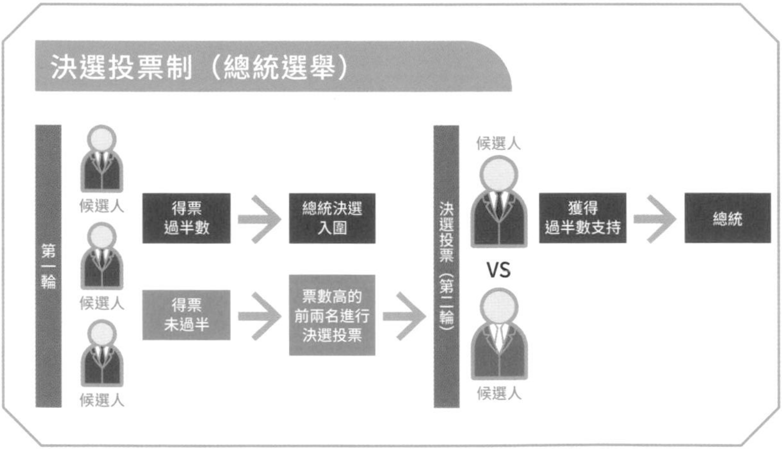

進行的投票，因此也可以說和美國總統的選舉有類似的部分（參考第一二九頁）。在法國，由國民直接選出的下議院「國民議會」有優先權，上議院「參議院」主要是諮詢機構。

另外，法國的選舉方面，**總統大選和國會議員選舉都是採取決選投票（兩輪投票制）**。這是為了更忠實反映民意而訂定的制度，但是決選投票制的費用及時間都耗費更多，在先進國家中，只有法國、俄羅斯（只有一九九六年實施）等極少數國家實施這個制度。

二〇一六年誕生的新政黨正在取得主導地位！

法國有許多政黨林立，在二〇一八年一月時的

「共和國前進」「民主運動」以外的法國政黨

黨名	組成人員	黨名	組成人員
共和黨	國民議會、參議院	民主、共和主義左派	國民議會
建設派	國民議會	社會黨	參議院
新左派	國民議會	中道聯合團體	參議院
不屈法國	國民議會	共產黨、共和、市民團體	參議院

最大執政黨是「共和國前進」，這是二〇一七年當選法國總統，第二十五任法國總統艾曼紐．馬克宏所創立的政黨。二〇一六年以「前進（En Marche!）」為黨名而設立的政黨，成為總統大選的基本盤，馬克宏勝選總統後，黨名變更為「共和國前進」。

另外，這個政黨更與「民主運動」為黨名的政黨結盟而成為執政黨。

艾曼紐 ・ 馬克宏總統
Wikimedia Commons

閒聊一下

二〇一七年五月，艾曼紐 ・ 馬克宏勝選，成為法國有史以來最年輕的總統，以三十九歲的年輕之姿就任總統一職，在日本也受到大幅報導。就年輕這一點來看，放眼世界各國，海地的前任總統讓-克洛德・杜瓦利埃（Jean-Claude Duvalier）於一九七一年，十九歲時，以世襲方式繼任父親弗朗索瓦 ・ 杜瓦利埃（François Duvalier）成為總統，成為世界上最年輕的總統。只不過，這是獨裁國家沿用世襲制而容易形成的狀況。

法國的「共和制」變遷

法國的政制體制是「共和制」。我在第六十八頁也談過，所謂「共和制」，就是主權掌控在人民手上，透過直接或間接方式，選出國家的代表人物來治理國家的政治型態。

現在的法國所持續的是「**第五共和制**」，但「共和制」的開始，要追溯到法國大革命。一六六一年路易十四確立了「君主專制」，一七八九年發生法國大革命，一七九二年廢止君主制而建立「共和制」，亦即治理國家的「主權」從國王移轉至人民手上。

而後，因為一八四八年二月革命而誕生了「第二共和制」。但一八五二年，第二共和國總統路易．拿破崙廢除共和制，恢復帝王制。

閒聊一下

歷史上把法國持續沿用的「共和制」劃分為「第一」到「第五」個階段，是因為「憲法」的不同。現在的法國是基於《第五共和制憲法》來推動國政。法國由於革命或政變而使得君主制、帝王制、共和制改弦易轍，其中的憲法也各有差異，因而使得政治體制也有所不同，為了要明確區分各個時代，所以才有這五階段的劃分。

後來，法國在普法戰爭（一八七〇～一八七一）落敗，成立了「第三共和制」，卻又因為二次世界大戰納粹德國的入侵而覆滅。

在戰後的一九四六年形成「第四共和制」，才初次有了男女平等的選舉，而後於一九五八年「第五共和制」誕生，維續至今。

國家元首是以祕密選舉選出
天主教會的大本營

梵蒂岡城國

- 首都：梵蒂岡城
- 面積：〇・四四平方公里
- 人口：七九二人
- 主要語言：拉丁語（共用語）、法語（外交用語）、義大利語（業務用語）
- 平均壽命：不明
- 貨幣單位：歐元（當地貨幣＝一一九・八五日圓）

比日本皇居還小的世界最小國家！

梵蒂岡城國（以下簡稱「梵蒂岡」）是天主教會的大本營，是宗教機構，也是受公認的全球最小政治主權獨立國家。位於義大利羅馬市內的梵蒂岡高地上。

在特定的「市內」有一個國家，說起來很不得了，但面積只有〇．四四平方公里，日本皇居面積為一．一五平方公里，因此是一個面積比皇居還小的國家。而且，**整個國土都登錄為聯合國教科文組織認定的世界遺產**，「西斯汀禮拜堂」裡有米開朗基羅所繪的名作〈最後的審判〉。

經濟上仰賴資產投資運用、販售郵票、紀念幣、教會奉獻等，由於是獨立國家，被公認享有義大利的治外法權，和大約一百八十個獨立國家或地區維持外交關係。

和義大利的條約而受認可的國家

這裡先為搞不太清楚「梵蒂岡究竟是個什麼樣的國家」的人說明一下。

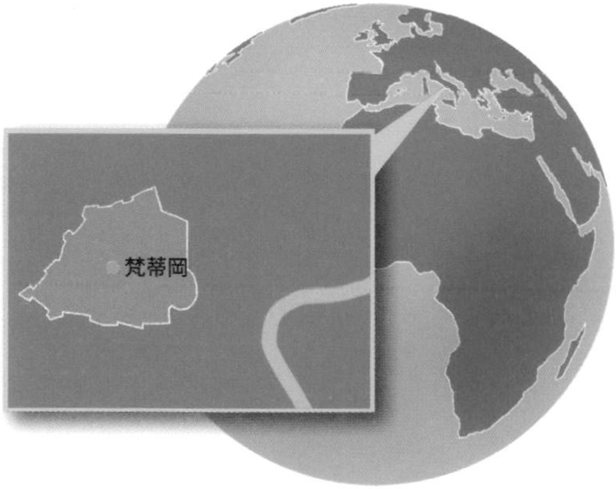

中世紀時，羅馬教宗率領全世界所有的天主教徒，在歐州擁有巨大的權力及遼闊的領土。然而，到了近代，權力開始衰微，十九世紀結束之際，幾乎所有的領土都被義大利占領，教宗退居到梵蒂岡高地，和義大利對峙。

不過，一九二九年**義大利和教宗締結《拉特蘭條約》**，承認現在的梵蒂岡為獨立國家，其主權屬於教宗，**「梵蒂岡城國」因而誕生**。

此外，根據聯合國二〇一七年的調查，梵蒂岡的總人口為七百九十二人。梵蒂岡的國民，為教宗及底下工作的神職人員，還有瑞士的近衛隊。他們並不是出生於梵蒂岡，而是為了在這裡工作而來自世界各地的人，當任務結束又恢復原本的國籍。

順便一提，梵蒂岡並沒有軍隊，瑞士近衛隊主要負責教宗的人身安全，教廷及其他安全守衛則由警察負責。梵蒂岡的衛兵必須是瑞士人，當然必須是天主教徒，年齡為十九到三十歲的單身男性，身高也有其限制。

瑞士的近衛隊
Creative Commons

羅馬教宗擁有絕對的權力！

在梵蒂岡，羅馬教宗即為國家元首。而且，羅馬教宗在梵蒂岡掌控了「立法權」、「行政權」、「司法權」，在梵蒂岡城國中具有無上的權威。

但是，比方説因為沒有像日本的國會（議會），取而代之的是代表全世界天主教會司教團的司教代表會議，負責教宗的諮詢任務，而羅馬教廷則擔當類似其他國家的政府角色。最高機關的「國務院」負責行政實務，而且羅馬教廷也設有法院。

第 266 任教宗方濟各
Creative Commons

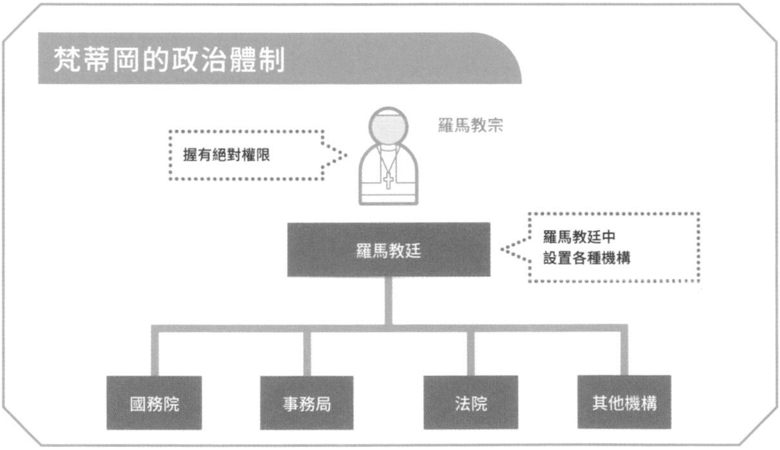

也就是說，「羅馬教廷」可以說負責一個國家的實務運作，其組織中除了國務院及法院，也設有其他各種機構。

順便一提，既然梵蒂岡並沒有議會，當然就不會有透過國民直選的議會議員。不過，梵蒂岡也有選舉，那就是羅馬教宗的選舉。

羅馬教宗是由祕密選舉「Conclave」產生

在梵蒂岡具無上權威的羅馬教宗，是透過**具有投票權的樞機主教，經由內部投票選舉產生**。樞機主教又被稱作「紅衣主教」，是天主教會中僅次於羅馬教宗的職位。人數固定為七十名的樞機主教組成樞機主教會議，作為教宗顧問給予輔佐。**有關選舉教宗的訊息一概不能對外透露，因而是一場祕密選舉**。

二〇一五年有一部《叫我法蘭西斯》（Chiamatemi Francesco）的電影，這是根據二〇一三年第二六六任教宗方濟各的故事所改編的傳記影片，方濟各是有史以來首位出身於拉丁美洲的天主教領袖，十分具傳奇性。

閒聊一下

上述的教宗祕密選舉被稱作「Conclave」。根據天主教中央協議會，「Conclave」源於拉丁文，是「cum」（共同）與「clavis」（鑰匙）結合而成的一個詞彙，這個選舉在教宗辭任（死後）十五至二十天之間舉行。選舉在西斯汀禮拜堂舉辦，未滿八十歲的樞機主教具投票權，人數為一二〇人。一二七一年九月當選的義大利教宗額我略十世訂定了「Conclave必須在教宗辭任（去世）後的十五至二十天之間舉行」，以及「獲得三分之二以上的投票總數者當選為教宗」等選舉規則，從那時起雖有修訂，但仍沿用至今。

捨棄社會主義體制，轉向資本主義國家？

俄羅斯聯邦

- 首都：莫斯科
- 面積：一七〇九・八萬平方公里
- 人口：一億四三九九萬人
- 主要語言：俄語（聯邦官方語言）、其他包括一百種以上的語言
- 平均壽命：七〇・九歲
- 貨幣單位：俄羅斯盧布（一當地貨幣＝一・八八日圓）

全國多達十一個時區的巨大國度

俄羅斯聯邦（以下簡稱「俄羅斯」）占有歐亞大陸北側的領土，**國土面積遠超過第二名的加拿大（九九八・五萬平方公里）居世界第一位**，大約是日本的

四十五倍。而且，由於國土東西遼闊，國內多達十一個時區。領土大部分氣候嚴寒，夏季短暫冷涼，酷寒的冬季漫長。首都莫斯科一、二月平均氣溫在攝氏零下十度左右，西伯利亞低到零下二十至三十五度，內陸甚至有平均氣溫在零下五十度以下的地方。

俄羅斯的宗教信仰，過半數以上是基督教（俄羅斯正教），其他則是各占少數的伊斯蘭教、佛教、猶太教。經濟方面，天然氣、石油、鎳礦等礦產資源豐富，主要以礦業、鋼鐵業為中心。雖然南北農牧業地域廣闊，卻受氣候影響生產量。

總統即使有強大的權力仍是「半總統制」

在政治體制方面，俄羅斯和法國一樣都是採行半總統制（參考第二十二頁）。

但是，雖說是半總統制也和法國等民主自由國家不同，**總統握有強大的權力**。總統由國民直選，是代表俄羅斯的國家元首。任期六年，能夠連任兩期。有任命總理及大臣組成內閣的權力，也能拒絕議會決定的法案，同時也是軍隊的最高司令官。順便一提，總統的被選舉權，是在俄羅斯居住十年以上的三十五歲以上公民。

俄羅斯的總理，與其說是政府的領導人，不如說更接近總統的輔佐人員，就像是公司「副社長」般的角色。但是，由於總理是透過議會同意而選出，保有議院內閣制形式的緣故，所以基本上被歸類為採行半總統制。

有關俄羅斯總統的權限，在俄羅斯的憲法中規定模稜兩可，不同的詮釋就能改變。同樣擁有強大權力的美國總統（參考

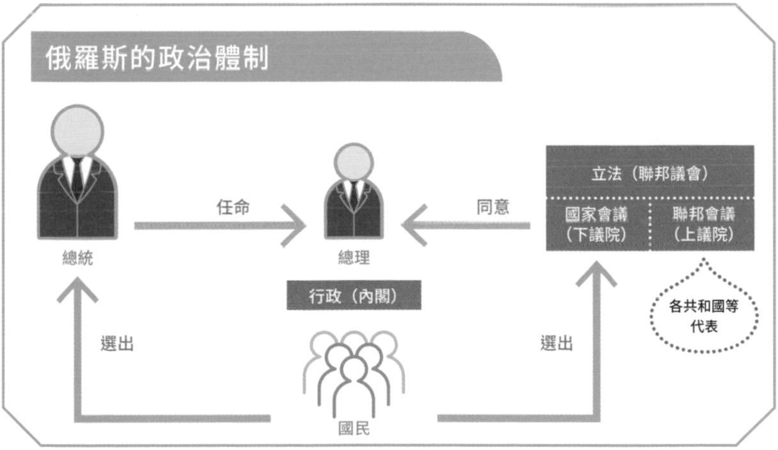

第一二四頁），總統權限在憲法中就有明確規範。美國總統無法直接干涉立法，俄羅斯總統對於議會提出的法案有否決權，還可以祭出「總統行政命令」，可以說擁有立法權。

而且，俄羅斯總統也具有指定總理及大臣的任免權（任命及罷免的權力），不僅對行政權擁有巨大的影響力，也能任命法官，對司法權同樣具有影響力。

俄羅斯總統因為具有這麼大的權限，雖然是一個大國，卻能從蘇維埃聯邦社會主義共和國（以下簡稱「蘇聯」）在體制上做了這麼大的變更。但是，反過來說，正因為總統權限過於強大，也有陷於獨裁政治的危險。

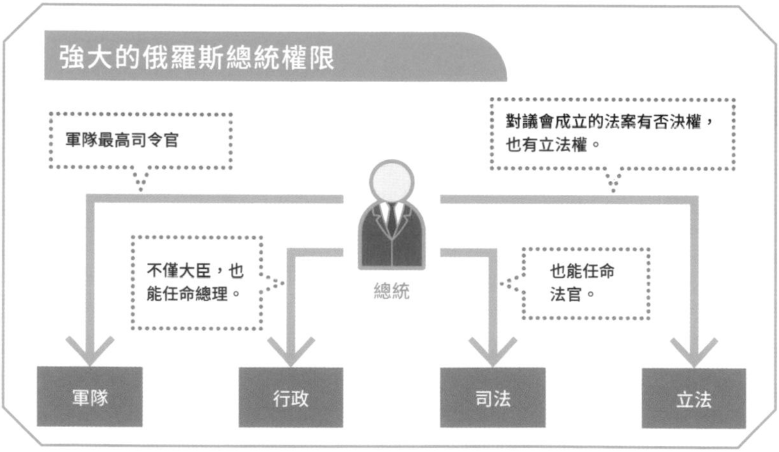
強大的俄羅斯總統權限
軍隊最高司令官
對議會成立的法案有否決權，也有立法權。
不僅大臣，也能任命總理。
總統
也能任命法官。
軍隊
行政
司法
立法

「資本主義」和「社會主義」各自的矛盾

現在的俄羅斯，是一九九一年蘇聯瓦解而誕生的國家。蘇聯雖然是大國，卻**捨棄社會主義體制而走向民主化**。現在的俄羅斯憲法是一九九三年國民投票而形成，宣稱再也不是過去一黨獨裁的社會主義國家，而是民主的國家。另外，因為過去的蘇聯給人印象過度強烈的緣故，或許有人會誤解，但現在的俄羅斯也同意個人擁有財產（私有權），至少在形式上已經不是社會主義國家。

這裡稍微談一下俄羅斯的歷史，蘇聯誕生以前，曾有過俄羅斯帝國。但是，俄羅斯帝國因為日俄戰爭敗北，及俄羅斯革命的緣故，於一九一七年滅亡。而後，主張自由主義的臨時政府與社會主義勢力對立，最後由社會主義勢力取勝，**於一九二二年成立世界首次建立的社會主義國家蘇聯**。

所謂的社會主義，在於實現一個沒有貧富、階級的差異，平等社會的思想，這是從**「資本主義的矛盾」**衍生的思想。不要太計較語病來說明的話，所謂資本主義，是能進行自由經濟活動的經濟體制，在允許自由經濟活動的狀況下，有能力的人及努力的人，就能獲得較多的財產。

然而，資本主義剛開始雖然看似理想，但經過十年、五十年後，資本多寡產生極大的差距時，衍生而來的是只靠個人能力與努力，都無法弭平的貧富差距，這就是資本主義矛盾的一面。

因此，為了改變這樣的狀況，因而產生社會主義的思考，產生「大家不會落於貧窮，共創一個平等社會！」的思考。

社會主義的基礎思想，是消弭貧富差距，土地等多數物資歸於「國家」所有並加以管理，讓國民盡可能平等工作、平均分配所得的體制。

然而，實施的結果卻造成國民勞動意願降低，經濟惡化。更糟糕的是，國家一部分的幹部獨占財富等「矛盾」。這就是「**社會主義的矛盾**」。

二次世界大戰後，蘇聯與美國並列成為超大強國，但除了社會主義的矛盾，經濟惡化也陷入泥淖。與資本主義國家之間的經濟差距擴大，蘇聯不得不修正國家方針。

於是，一九八五年誕生的戈巴契夫政權，推動「改革重組」（以政治、經濟為核心的改革運動）。一九八八年的憲法改革謀求政權分立，一九九〇年的憲法改革則導入總統制，廢止過去推動國家運作的共產黨一黨獨裁體制。這時的「**書**

記長」（當時共產黨的黨主席）戈巴契夫，成為蘇聯的總統。

另外，蘇聯的民主化，帶動蘇聯聯邦內的波羅的海三國（愛沙尼亞、拉脫維亞、立陶宛）尋求獨立，紛亂的結果，一九九一年十二月蘇聯解體，聯邦內的各個共和國獨立，蘇聯於一九九二年更改國名為「俄羅斯聯邦」而沿用至今。

採取聯邦院和國家杜馬的二院制

話題回到俄羅斯的政治體制，國會採取兩院制，由相當於上議院的聯邦院（聯邦會議）及相當於下議院的國家杜馬（國家會

俄羅斯下議院的議事堂
Wikimedia Commons

專有名詞　兩院制中的「上議院」及「下議院」

有關兩院制中的「上議院」及「下議院」，並不代表「上議院」的層級比「下議院」更高。甚至可以說多數情況下，「下議院」的權限更為強大。上議院及下議院，只是行使兩院制時，對議院的稱呼。另外，日本的上議院是參議院，下議院為眾議院，日本也是眾議院（下議院）權限高於參議院（上議院）。

議）所組成。

聯邦院（上議院）是由俄羅斯聯邦主體各派兩名組成。簡單說就是各地方的代表。過去聯邦院的議員是由總統及地方首長直接擔任聯邦院的議員，二〇〇〇年開始，總統及地方首長不再兼任聯邦院議員。另外，各地方的規定雖然有所差異，聯邦院議員任期大約四到五年。

至於國家杜馬（下議院）的議員，則是由國民直接選舉。人數固定為四百五十名，任期五年。二〇一六年的下議院選舉，普丁總統帶領的「統一俄羅斯」黨大獲全勝，下議院的「杜馬」一詞在俄文中為「思考」之意，因而稱為「國家杜馬」。

離譜到了極點的選舉舞弊

蘇聯解體後，俄羅斯的國會議員選舉及總統大選產生賄選等違法問題。甚至離譜到令人懷疑：「可能有這種事嗎？」根據一部分的報導，同樣的選民到好幾個投票所重複、以非法手段取得投票單進行灌票、冒充選民等舞弊行為。

實際上在二〇一一年十二月舉行的國家杜馬（下議院）選舉，為了提高執政黨得票率而發生的作票行為不斷被報導出來，在野黨人士舉行大規模的抗議集會，逮捕了數百人。隔年二〇一二年舉行的總統大選，以年輕市民為主，應徵監票員的人大量增加。根據俄羅斯的大報指出，「超過十五萬人自願參加監票志工活動」。

雖然不知道實情如何，也有報導指出選舉管理委員會的幹部擅自塗改票數，市民對於選舉充滿了不信任感。

走向團結一致？還是走向分裂？

原本所謂的「聯邦（制）」就是好幾個國家（或是州等擁有相當於國家權限的自治政府）整

閒聊一下

二〇一五年俄羅斯的巴爾瑙爾市，地方社群媒體所辦的非官方線上民調中，名叫巴錫克（Barsik）的暹羅貓以近百分之九十一得票率遙遙領先其他六名人類市長候選人，顯示出市民對政治的不信任感。順便一提，巴爾瑙爾市由於貪汙的醜聞不斷，以致對政治產生強烈的不信任感。

合而成一個國家的意思。而國土遼闊的俄羅斯聯邦，**多達二十一個共和國**。

而且，這些共和國多數都是由俄羅斯人以外的少數民族組成，潛藏著未來尋求獨立的可能性。另外，舊蘇聯雖然也是聯邦國家，當時地方的政治是遵循中央政府的決定，相對的，現在的俄羅斯在某種程度上認同地方各自的政治，也能由構成主體獨自判斷來訂定法律。

各自的共和國都有其各自的民族及歷史，許多也有其文化差異。能各司其政雖然可以說是朝向民主化的一個例子，但相對的，中央政府與地方政府也有對立的可能性。今後的俄羅斯大國會走向哪一條道路，受到世界各國的注目。

閒聊一下

二〇一四年，烏克蘭政治持續動亂之際，俄羅斯軍隊的眾多士兵及裝甲車開進了烏克蘭南部的克里米亞半島，以致克里米亞半島受到俄羅斯的控制，此事件被稱作克里米亞侵略事件。在克里米亞半島上，雖然居住著半數以上的俄羅斯人，但此事件是俄羅斯趁當地親俄羅斯派的居民和親歐盟派系的居民發生衝突之際，以軍事力量干預烏克蘭內政而發生的事件。

議會內閣制的起源國

大不列顛王國以及北愛爾蘭聯合王國

- 首都：倫敦
- 面積：二四・二萬平方公里
- 人口：六六一八・二萬人
- 主要語言：英語
- 平均壽命：八一・六歲
- 貨幣單位：英鎊（一當地貨幣＝一四六・七〇日圓）

能說是包含在英國當中的「四個國家」嗎？

提到大不列顛暨北愛爾蘭聯合王國（以下簡稱「英國」），或許有些人意會不過來，簡單說就是指英國。稱作「聯合王國」，是因為英國是**由英格蘭、威爾斯、蘇格蘭、北愛爾蘭這幾個國家聯合組成的國家**。

英國雖然是個島國，卻在宗教、政治、文化、藝術等各個方面對世界其他各國造成影響，尤其首都倫敦的經濟發展，二〇一六年甚至被評價為全球第一的金融中心。

英國在宗教方面，基督教占七成以上，其他包括伊斯蘭教、印度教。經濟方面在十八世紀後半開始的工業革命以後，輕工業、重化學工業、電力等各領域也有長足發展。

「聯合王國」形成前的歷史

在此也稍微說明一下英國形成「聯合王國」前的歷史。首先是威爾斯，從

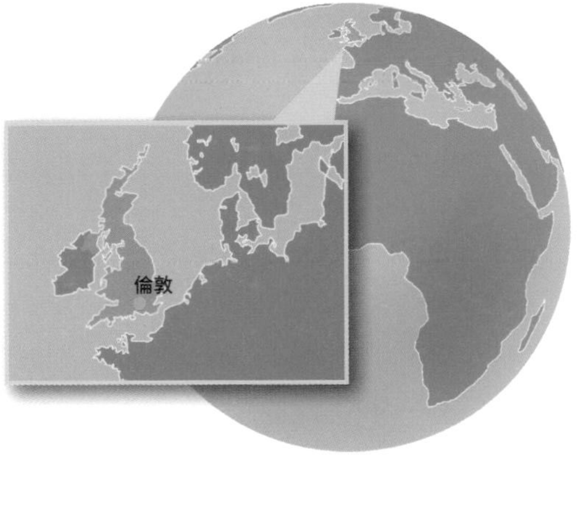

十三世紀左右受英格蘭所管轄，實際上當時合併於英格蘭。

到了一六〇三年，英格蘭女王伊莉莎白一世去世之際，由於沒有直系血親的繼承人，所以便由血緣較遠的蘇格蘭王詹姆士六世繼承，成為英格蘭王。**英格蘭及蘇格蘭雖然是不同的國家，卻成了由同一個君主統治的聯合王國關係**。後來在一七〇七年，以英格蘭合併蘇格蘭的形式，成立「大不列顛王國」，蘇格蘭議會也整併到英格蘭的議會中。

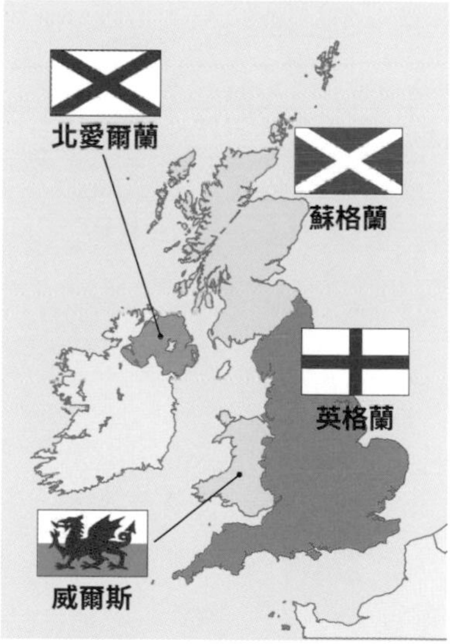

另外，愛爾蘭和英格蘭也是不同的國家，於一八〇一年，英國（單方面）合併了愛爾蘭。經過了這些歷史，現在的國名為「**大不列顛暨北愛爾蘭聯合王國**」。

此外，蘇格蘭國內也有著期望從英國獨立的聲音。二〇一四年蘇格蘭實施獨立意願的公民投票，反對票占了百分之五十五，所以獨立提案被否決了。但是，二〇一六年六月英國的脫歐（退出歐盟）方針已經確定，希望留在歐盟的國民占多數的蘇格蘭人，主張獨立的聲浪更加甚囂塵上。

伊莉莎白二世女王史上在位歷史最長！

英國議會採取的是兩院制，而且是議院內閣制（參考第十五頁），這部分和日本相同，這也是理所當然，因為日本在走向近代化的過程中，都是以英國的政治

伊莉莎白女王（2015 年）
Wikimedia Commons

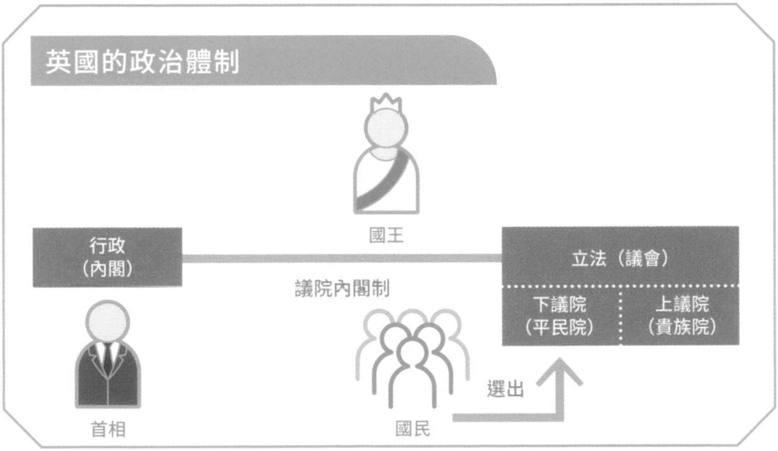

體制為範本。英國議會分為由貴族、神職人員、終身議員組成的上議院「貴族院」，以及國民選舉選出的議員組成之下議院「平民院」。上議院沒有解散制度，下議院若是決議內閣不信任案時，則進行內閣總辭或解散下議院。這個部分和日本相同。

英國有國王，是一國最高權力者，但**實際上國家的領導人則是首相**。英國有「君臨而不統治」的原則，也就是說國王不進行實質的統治。另外，在二〇一八年六月，

閒聊一下

觀看足球或橄欖球等國際體育賽事時，我們會看到「英格蘭代表隊」或「威爾斯代表隊」。這可以說明他們是聯合王國的一員，但也因為英格蘭、威爾斯、蘇格蘭、北愛爾蘭都是獨立的國家，因此足球的威爾斯代表成員本・伍德伯恩選手，雖然是英格蘭出身，卻以威爾斯代表而活躍於體壇。順便一提，美國稱足球為「soccer」，英國則是稱為「football」，在英國說「soccer」，對方有可能不知道你在說什麼。

本・伍德伯恩選手
Wikimedia Commons

國王是九十一歲的伊莉莎白二世女王，加冕竟然已長達六十五年，是英國歷史上執政時間最長的君主。（編註：本書中文版出版之時，伊莉莎白二世女王仍在位。）

「平民」比「貴族」更有權力？

再稍微談一下有關英國的國會，下議院的平民院大約有六百五十位議員，透過國民的普通選舉產生。有投票權的是十八歲以上的國民，住在國內的愛爾蘭男女；有被選舉權的也是十八歲以上的男女。

國會議員雖然是從英格蘭、威爾斯、北愛爾蘭、蘇格蘭等地選出，但因為只進行小選區制，所以多半由特定政黨占了多數。

另外，上院的貴族院則是由英格蘭教會位階高的神職人員、世襲貴族的議員、被任命的議員形成，主要工作是下議院的立法審查。

下議院雖然連稱呼都帶著「平民」，但因為是由國民直接選舉，在法律上有明定「平民院地位高於貴族院」，因此平民院比貴族院具有更大的權力。

英國有保守黨及工黨兩大勢力

英國的下議院平民院，二次世界大戰以後，就只有從「保守黨」與「工黨」這兩個政黨選出過首相，勢力完全由這兩個政黨掌控。

保守黨成立可追溯到一八三四年，一九七五年保守黨內的黨主席選舉，初次誕生女性黨魁瑪格麗特·柴契爾，而後柴契爾夫人成為英國史上第一位女首相（在位期間為一九七九～一九九〇年），因為政治作風強硬，而被稱為「鐵娘子」（Iron Lady）。

另一方面，工黨成立於一九九〇年，保持社會民主主義政黨的風格，致力提

閒聊一下

一九八二年，阿根廷入侵南大西洋的福克蘭群島，爆發福克蘭戰爭。首相柴契爾夫人立即派遣艦隊及轟炸機，阿根廷戰敗撤軍。據說當戰爭剛拉開序幕時，柴契爾夫人厲聲斥責反對開戰的閣員：「這個內閣只有我是唯一的男子漢嗎？」因而有了鐵娘子之稱。

瑪格麗特 · 柴契爾
Wikimedia Commons

升勞動者生活與整頓社會保障制度。一九九七年工黨誕生布萊爾首相，而後由布朗內閣繼續把持政權，但二〇一〇年的大選輸給保守黨，政權移轉給卡麥隆首相。

議院內閣制的祖國

由於議院內閣制發源於十七世紀的英國，所以英國被稱作是**議院內閣制的祖國**。所謂的議院內閣制，是指**議會與內閣互助合作，推動國政的制度**。議院內閣制的典型範例，就是內閣（行政）領導者的首相，由議會選出，議會與內閣有相互干預的權限（議會可提出不信任決議，內閣可行使議會解散權）。

為什麼英國會發展出議院內閣制呢？

十七世紀的英國，國家權力集中於國王一身，因為君主專制導致民不聊生。但是經過國民發起的革命，國民（市民）代表集合而成的議會，運用法律防止君主專制。在這樣的過程中，英國對於代表人民的議會（議員）信賴感較為深厚。

換個說法，**沒有徹底實施議會與內閣的權責分立，而是採相互合作**。英國的議院內閣制發展是建立在這樣的基礎上。

附帶說明，美國採用的是「徹底三權分立」的制度（參考第一三二頁）。議會是「訂立法律」的地方，內閣是「推動一國運作」的地方，各有明確的角色任務。這或許是因為美國由於曾被原本的祖國——英國課以重稅，而後又有歷經獨立戰爭獲勝而建國的歷史，所以對權力產生了不信任感。

全球少見的議席附帶紅利的選舉
終身議員制度

義大利共和國

- 首都：羅馬
- 面積：三〇・一萬平方公里
- 人口：五九三六萬人
- 主要語言：義大利語（官方語言）、德語、法語
- 平均壽命：八三・五歲
- 貨幣單位：歐元（一當地貨幣＝一二九・八五日圓）

首相與日本一樣變動頻繁

義大利共和國（以下簡稱「義大利」），是阿爾卑斯山脈延伸入地中海的「靴型」義大利半島，以及周邊約計七十個島而形成的國家。首都羅馬與東京幾乎相

同，但義大利夏天日曬更強，冬天降雨較多是其特徵。宗教方面，人口中約有百分之八十是天主教派，其餘則是基督教（新教）、猶太教、伊斯蘭教及佛教等。

義大利直到第二次世界大戰前還是農業國家，戰後，北部的工業基礎整頓完備，對國家經濟發展具有極大貢獻。

另外，一九八〇年代開始，第三次工業革命急速擴大，觀光成為重要的收入來源。但主要產業的領域，仍是以機械、汽車、鋼鐵等二次工業為核心。

投票是國民義務，但沒有罰則

政治體制上，義大利的議會和日本一樣都是兩院制，兩院的議員都由國民直

接選舉。兩議院的議員透過公民直選這一點雖然和日本相同，但是義大利的下議院（代議員）和上議院（參議院），並不像日本的眾議院居於上位的制度，也就是說，**兩院是對等的關係**。

議會議員的選舉，原則上採行政黨名單的比例代表制。議員任期都是五年，議員人數上議院（參議院）為三二一人；下議院（代議院）為六三〇人。有關國民的投票年齡，下議院選舉為十八歲；上議院投票年齡則是二十五歲以上。

附帶說明，義大利的選舉向來有高達百分之七十～八十的投票率，這或許是因為**義大利憲法**明訂：「**投票是國民的義務**」。不過，雖說是強制投票制，但即使沒有投票，也沒有罰則。或許是因為憲法已規範這是義務，所以國民對於選舉的意識較高吧？

另外，義大利有總統，由國會議員及地方政府代表選出，任期為七年。不過，總統在義大利只是象徵性的存在，**實際上被視作一國領導人的是總理**。另外，參考第一一七頁的圖就可以得知，總理是由議會的下議院任命，因此可以說義大利採取議院內閣制。

此外，義大利議會的上議院（參議院）有「終身議員」。所謂的終身議員，指的是只要當事人不自行辭職，就會一直是國會議員。這是在社會、科學、藝術、文學領域有傑出表現，彰顯國家榮譽的市民，由總統任命就任為終身議員。實際成員包括第十一屆總統喬治·納波里塔諾、獲頒普立茲獎的建築師倫佐·皮亞諾等人。

行使大日本帝國憲法下的日本，雖然也有這項「終身議員」制度，但結構上據說正是沿用義大利的制度而來。

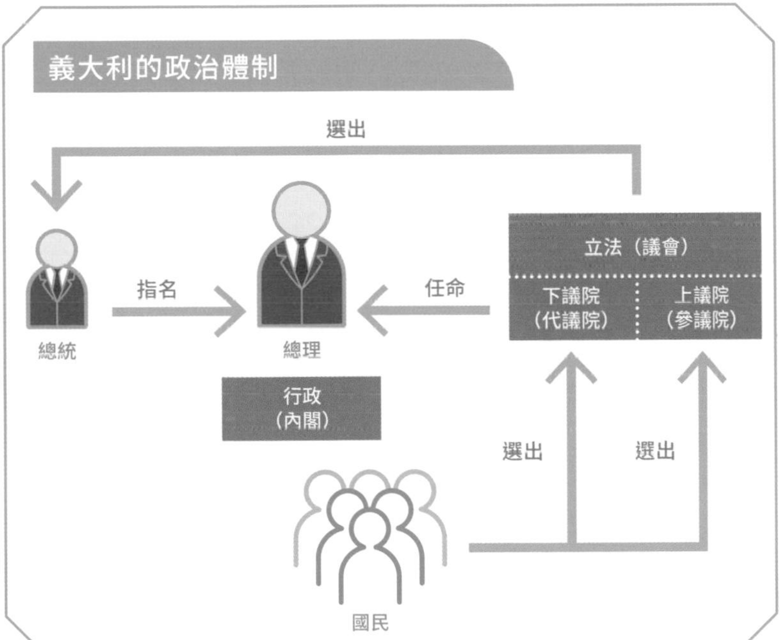

再怎麼樣都要成為「票數最高的政黨」！

義大利議會的議員選舉，上議院及下議院都採取比例代表制。比例代表制有容易反映國民意向的優點，但另一方面，也提高在議會的意見不容易整合的可能性。

因此，義大利的下議院選舉便通過「比例代表制」這個耐人尋味的制度，也就是**「多數派追加比例代表」**。**這對於得票比例最高（百分之四十以上的比例票）的政黨，可自動分配到全部席次的百分之五十四（總數六三〇席中的三四〇席）**。這個制度強化了最受

閒聊一下

義大利有許多名稱獨特的政黨。例如，「義大利力量黨」（Forza Italia），「Forza」為「加油」之意，因此黨名就有「義大利加油！」的意思。另外還有「五星運動黨」、「偉大的自治和自由黨」。「五星運動黨」的五星，指的是應當守護社會的「永續發展、水資源公共化、永續交通、環保主義、自由上網」等五大核心主張。二〇一八年三月的選舉，得票率大幅提高。

五星運動黨的徽章。

支持的政黨勢力，對於整合意見可以收到較佳成效。

然而，進一步思考其實是不可思議的制度，因為原本比例代表制是為了盡可能反映民意的制度，也可以說是為了避免死票而形成的制度。然而，讓得票率最高的政黨取得過半數的席次，就很容易在某個程度上忽視了民意。

兩院制的作法持續研議中

義大利政治制度的特徵，一如下圖說明的「多數派追加比例代表」。這個制度是在二〇〇五年的選舉制度改革時加上的，採用的其中一個原因，是因為

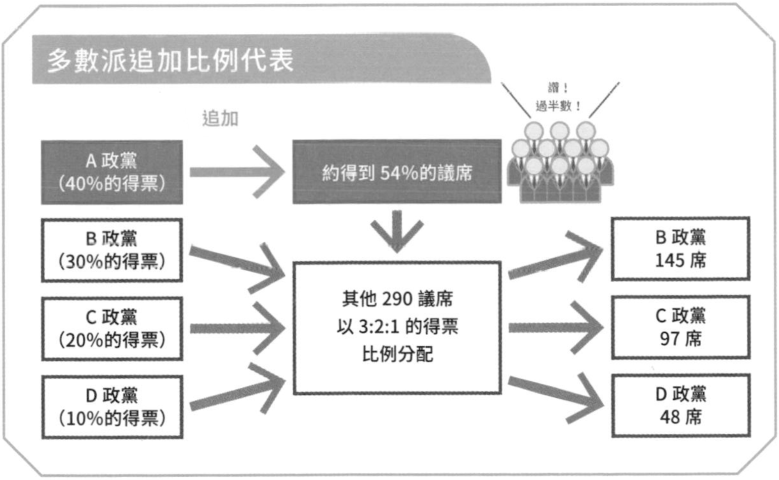

義大利的**上議院及下議院性質相似**的關係。

就如同第一一六頁的說明，義大利議會兩院都是任期五年，選舉日也是同一天，能夠在同一時機反映民意是一大特徵。而且，雖然議員人數和投票年齡不同，但**兩院權限對等**。比方說，在立法時若日本的眾議院和參議院做出不同結論而必須定奪時，日本因為最後是以「眾議院為優先」，所以會採用眾議院的結論。姑且不論是好是壞，至少能出現「結論」。

但是，義大利的下議院決議的法案，上議院一旦加以修正，必須由下議院同意修正案。兩院意見無法一致時，因為沒有哪個議院占優位的問題，因此很難得到「結論」。所以義大利便導入強化特定政黨（執政黨）勢力的比例代表制，透過這樣的方式更容易導出結論。

義大利雖然從一八〇〇年代開始採用兩院制，但包括是否要加強某一邊的議院權限在內，對於議會制度的討論始終不斷。也討論過是否要轉成「一院制」（曾經研議過這項制度），今後這方面的討論應當仍會持續下去。

喬治・納波里塔諾前總統
Wikimedia Commons

總理頻頻換人的原因

近年的義大利，和同樣導入議院內閣制的其他國家相比，被批評是個總理一天到晚換人的國家。日本也面臨相同的批評，日本在導入小選區比例代表並立制的總選舉後（一九九六年十月以後），比較兩國總理換人的情況，日本為十一人，義大利為十人，更換的人都不算少。

其中原因有許多不同說法，日本的情況是一旦總理本人或所屬政黨發生什麼問題時，要求總理下台的聲浪就會高漲；義大利則是因為政黨數量較多，每當選舉執政黨變更時，總理就會換人。

另外，說個和總理無關的話題，二〇一五年義大利總統納波里塔諾卸任。卸任的原因是年事已高，當時納波里塔諾總統八十九歲，即使總統只是象徵性的存在，應當還是有很多人對於八十九歲仍然擔任總統職務感到驚訝吧？

順便一提，日本象徵性存在的天皇陛下於二〇一九年四月底在生前退位。二〇一七年八十三歲的天皇陛下在二〇一六年夏天公布的錄影訊息中表示，由於已屆高齡，健康衰退，「繼續從事公務應當有困難」。

世界各國、地區的
投票年齡、被選舉年齡分布（下議院）

（國立國會圖書館及立法考查局）779 號（2015.12）

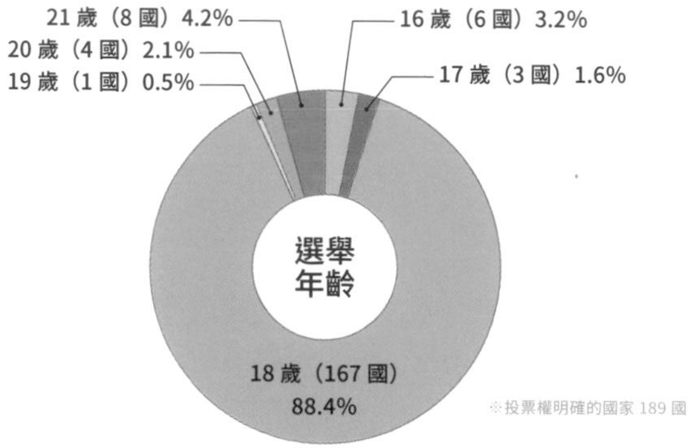

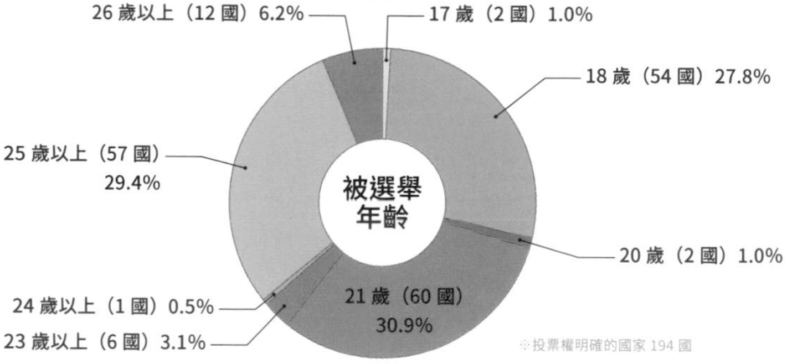

※圖表中不論國或地區都是以國表示。

※出處：參考列國議會同盟（各國議會聯盟）網站（https://data.ipu.org/parline-e/ parlinesearch.asp）的調查為主，以及各國選舉管理委員會網站等。由日本政治議會課那須俊貴、木村志穗製表。

※註：世界各國、地區的投票年齡、被選舉年齡分布（下議院）為根據 2015 年 11 月 5 日的資料製表。

3

一起認識引領全世界的大國，
其兩大政黨及總統大選的結構

美利堅合眾國

- 首都：華盛頓哥倫比亞特區
- 面積：九八三・四萬平方公里
- 人口：三億二四四五・九萬人
- 主要語言：英語
- 平均壽命：七八・七歲
- 貨幣單位：美元（一當地貨幣＝一一三・七八日圓）

各州與其說是「縣」，不如說是「國」

美利堅合眾國（以下簡稱「美國」）的人口超過三億兩千四百萬，居世界第三名。美國有五十個州和一個特區，除了領土遼闊，各個州也有自己的文化及多樣的「個性」。因此，各州都有它們各自的憲法及法律，美國各州與其說如同日本的「縣」，不如說更像是「國」。美國就是這樣一個集合各州的聯邦國家。

美國的信仰主要是基督教，但憲法保障宗教的自由。經濟方面，是世界最大的農業國，以大規模經營的農業帶來的高生產性而引以為傲。另外，礦產資源也很豐富，工業生產更是世界最大。電腦、生物科技等尖端產業也領航全球。

美國總統的「六頂不同帽子」

眾所周知，美國採取的是「總統制」。總統是美國的領導者，也是一國元首。同時，也是美利堅合眾國軍隊的最高司令官，擁有極大的權力，沒有總理。

總統四年一次由人民直選（或是連任），因為禁止連續三度連任，所以任期最多八年。

另外，美國的行政（內閣）與立法（國會）完全獨立，與其說是相互合作，不如說更接近相互制衡，維持權力平衡。國家的議會議員是經由國民選舉而產生，投票年齡方面則不論是總統大選或國政選舉，都是十八歲可以擁有投票權。

另外，一般認為美國總統有「六項帽子」，即指美國總統的六項主要任務：一、行政部最高責任者；二、國家元首；三、美利堅合眾國最高司令官；四、透過議會簽署法案，頒布法令；五、執政黨的黨魁；六、代表國會的模範存在。

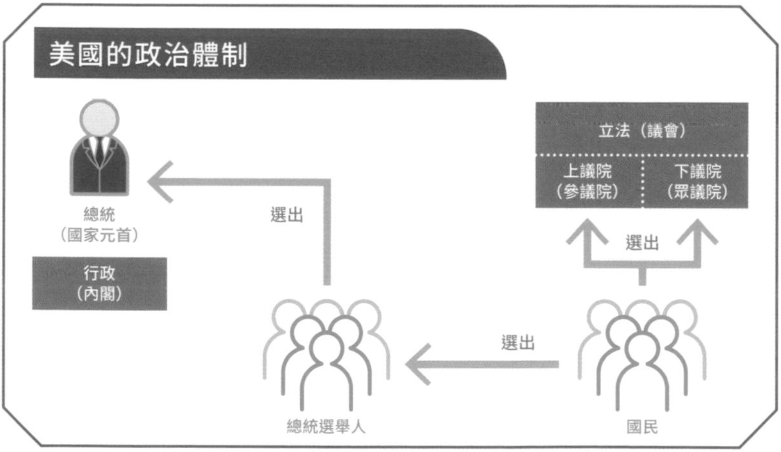

不懂兩大政黨，就無法議論美國的政治

要了解美國的政治，就必須先認識美國的「民主黨」和「共和黨」這兩大政黨，由此可知這兩大政黨猶如美國的核心。

這兩大政黨最大的差異，就是支持群眾與外交政策上的主張。民主黨的支持者以勞動階級和黑人、拉丁美洲的移民等少數民族較多，主張確實徵收稅金，充實社會福利。比方說二〇〇九年當選總統的巴拉克·歐巴馬，就進行了「歐巴馬

美國的「民主黨」和「共和黨」

項目	民主黨	共和黨
標誌	Democratic 的 D	又稱 Grand Old Party
近年的總統	巴拉克 · 歐巴馬（2009 ~ 2017）	唐納 · 川普（2017 ~ ）
過去的總統	羅斯福（第三十二任）、甘迺迪、柯林頓等。	布希、雷根、尼克森、林肯等。
主要支持群眾	勞動階層、黑人、拉丁美洲等少數民族。	白人、富裕階層。
成立	一八二八年	一八五四年
內政	自由主義思想、加強社會保障、主張全民健保。	古典自由主義、反對全民納入保險制度這一類的政策。
外交	國際主義。對聯合國採取善意立場。	以美國的國家利益為優先，對聯合國並未抱持善意。

健保」的醫療保險制度改革。

相形之下，共和黨一般說來，白人和富裕階層的支持度較高，支持古典自由主義政策。比方說，二〇一七年上任的共和黨總統唐納·川普在就職百日演說中誓言廢止「歐巴馬健保」，外交政策則是「美國優先，讓美國再度偉大」，這句話可以說正反應了共和黨的態度。

另外，民主黨相較之下是個較關注國際動向的政黨。第二次世界大戰及越戰期間，掌握政權的正是

第四十四任總統
巴拉克 · 歐巴馬
Wikimedia Commons

第四十五任總統唐納 · 川普
Wikimedia Commons

閒聊一下

二〇一七年川普總統率先提出的「〇〇優先」口號，意味著「第一要考慮〇〇」，後來在日本，東京都知事提出「都民優先」也大為流行。其他各國如法國、德國、澳洲等各地的政治家也使用「〇〇優先」，在國際間一時成為流行口號。

民主黨，也或許是和國際間的深度交流，因而反被捲入國際問題。

你應該知道的美國總統大選結構

美國總統擁有強大的權限，其政策足以影響國際。然而，各位有辦法說明美國總統的選舉方法嗎？雖然每次新聞都有大幅報導，其實並不十分清楚的人，我想應該很多。

首先，各政黨推出**想競選總統**的候選人，這時候還屬於「黨內」的家務事。黨內進行黨團會議或直接初選，**為了選出黨的候選人而決定「代議員」**。然後，根據**「代議員」投票，決定各黨的總統候選人**。

此外，在二至三月上旬的星期二，各黨選出自己的「代議員」，稱為**「超級星期二」**（Super Tuesday），在這一天，多數各州都會進行各黨派代議員的黨內初選。

近年的總統大選中，雖然不是百分之百，但一般認為：決定代議員，可以說等於某種程度上預測出各黨推派的候選人。而且，預測出各黨的候選人，在某個

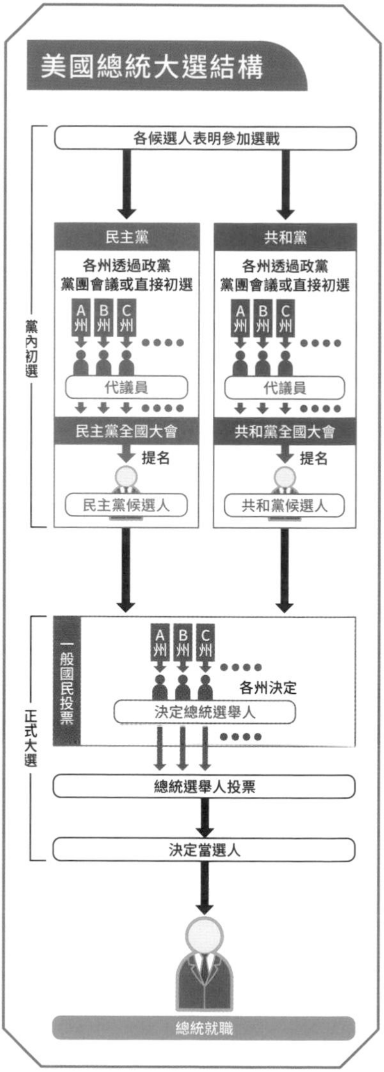

程度上，就能推測出誰將成為美國總統。

當**各黨決定候選人**之後，便由各個候選人進行電視辯論。看到結果後，根據十一月上旬**一般國民進行的一般投票，選出「代表選民投票」之「總統選舉人」**（**一般選舉**）。

一般國民在一般選舉中投票決定「總統選舉人」之前，無法參與任何選舉投票，而是只能看著各黨提名哪個候選人，以及該候選人是什麼樣的人物。

這項一般選舉雖然在各州舉行，但「總統選舉人」會事先表明所要投的候選對象，一般國民則選出屆時會投票給符合自身意向候選人的選舉人。

接著，十一到十二月上旬，再**根據「總統選舉人」的投票結果**，確定**由誰擔任美國總統**。有關「總統選舉人」的票數，二〇一六年的總統大選為五三八票，獲得過半數二七〇的選舉人票數，就當選為美國總統。

各黨派的黨內初選大約是從當年度的二月開始，等於總統大選是一場長達十個月的選戰。選戰時間長，好處是各個候選人能有所成長，相對的，若是有什麼問題也容易發現。

除了「兩大政黨」以外的政黨

話說，美國除了「共和黨」和「民主黨」以外，

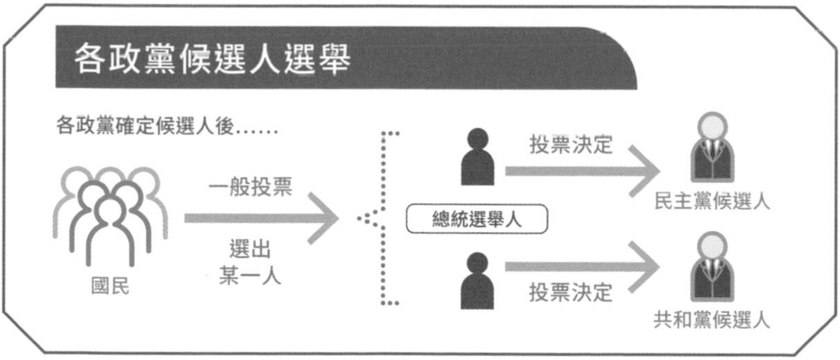

是不是沒有其他政黨呢？當然不是，**事實上是有被稱作「第三黨」的政黨**。

只不過，美國這些第三政黨，在近年的總統選舉之一般選舉（選出總統選舉人的選舉）中，並未成為總統選舉人。美國的選舉制中，**一般選舉的計票採取「勝者全得」的原則，各州所占比例的選舉人票，全計算為各州票數最高的總統候選人票，因此第三黨難以在總統選舉人中獲得票數**。也就是說，因為勢力微弱的關係，難以形成話題。除了兩大政黨以外，還有下表所示的政黨。

用詞頗具衝擊力的「偉大妥協」

接下來稍微解說一下國會的狀況！

兩大政黨以外的美國政黨（部分）

黨名	特徵
美國綠黨	著眼於環境觀點
自由意志黨	勢力次於兩大政黨
立憲黨	重視美國憲法、聖經
美國共產黨	美國的馬克思、列寧主義政黨
禁酒黨	基於禁酒主義，禁止酒精類飲料的販售

美國國會採行兩院制，分為上議院（參議院）及下議院（眾議院）。

上議院（參議院）議員人數為一百人，透過國民直接選舉，各州選出兩名議員，亦即上議院（參議院）是由各州代表組成。

至於下議院（眾議院）的國會議員則有四百三十五人，同樣是透過國民直接選舉，稍後也會說明。美國總統選舉屬於間接選舉，美國公民能經由直接選舉選出的是國會議員及地方議員。

另外，雖然下議院（眾議院）的議員定額，是依照人口比例分配，但上議院（參議院）則無法依照人口比例調整。上議院為了避免人口少的州影響力也跟著弱化，所以不論州的人口多寡，一律選出兩位議員。姑且不論究竟是「妥

閒聊一下

美國公民要參與美國總統選舉的投票，需要「事先登記投票權」。美國並不像日本有全國性的合格投票權名冊，因此美國公民就需要進行「具投票權」的登記程序。投票權登記在居住地實施，搬遷到新的居住地時，就必須重新登記。在日本則是滿十八歲的國民就自動取得投票權，當接近選舉日時，就會寄送投票所的投票通知單。

美國的上議院及下議院

項目	上議院（參議院）	下議院（眾議院）
議員人數	100 人	435 人
任期	6 年	2 年
選舉方式	由國民直接選舉， 每一州 2 人。	由國民直接選舉， 根據各州人口比例決定議席。
改選	每兩年改選三分之一的議員。	每兩年改選全部議員。

協」什麼，但這個制度被稱為「偉大妥協」（Great Compromise）。

執行解放黑奴宣言的林肯功績

有多位美國總統都是會出現在其他國家教科書上的歷史人物。其中，在美國的媒體報導機構所主辦的歷任總統人物排行榜，可以說幾乎名列前茅（通常都是第一名）的一位，就是**第十六任總統亞伯拉罕．林肯（共和黨）**。

順便一提，同樣是排行榜上常勝軍的人物，還有美國首任總統喬治．華盛頓（無黨籍）、第三十二任總統富蘭克林．羅斯福（民主黨）。

這幾位總統的共通點，可以說都曾帶領美國經歷重要的戰爭並取得勝利。華盛頓是美國獨立戰

喬治・華盛頓
（1732～1799）
Wikimedia Commons

亞伯拉罕・林肯
（1809～1865）
Wikimedia Commons

富蘭克林・羅斯福
（1882～1945）
Wikimedia Commons

爭；林肯是國內發生的南北戰爭；羅斯福總統則是在第二次世界大戰中率領美國獲得勝利（但是在二次大戰告終之前便不幸去世）。

不過，林肯除了美國國內，連在全球都擁有相當人氣，其中一個因素和《解放奴隸宣言》有關。

所謂南北戰爭，就是美國的內戰。林肯就任為美國總統未久，南北戰爭一觸即發。這是因為林肯原本就是奴隸制度的反對派，因此林肯一上任，奴隸制度的贊成派占多數的美國南方人士便脫離聯邦而建立「美利堅聯盟國」，和北方的美利堅合眾國開始內戰。當時的美國南方，農業是主要的產業，而農業勞力絕大部分都仰賴奴隸。

林肯不僅只是針對美國境內，而是**對「全世界」發表了《解放奴隸宣言》**。依照這份宣言，等於**對全球公布了「支持南軍就等於肯定奴隸制**

度」這條公式。

結果，這場戰爭持續了四年，隨著北軍勝利，長期以來的奴隸制度跟著廢止。現在的人可能很難想像，歷史上許多國家都曾有過奴隸制度，把這樣的殘酷制度畫上休止符，也是林肯至今仍然人氣不減的原因吧！

順便一提，下圖為南北戰爭時南軍的旗幟，如果拿出這個旗幟，很容易令人誤解，以為你抱著容許種族歧視的態度，最好留意。

南北戰爭的南軍旗
Wikimedia Commons

對選舉關注的程度很高，投票率幾乎百分之百
與英雄領導者一路走來的社會主義國家

古巴共和國

- 首都：哈瓦那
- 面積：十一萬平方公里
- 人口：一一四八・五萬人
- 主要語言：西班牙語（官方語言）
- 平均壽命：七九・五歲
- 貨幣單位：古巴比索（當地貨幣＝四・七四日圓）
  古巴可兌換比索（當地貨幣＝二四古巴比索）

哥倫布發現的島國

古巴共和國（以下簡稱「古巴」），位於墨西哥灣的入口。大航海時代的一四九二年，在西班牙的支援下尋找新大陸的哥倫布發現了這塊土地。之後歷經

四百年隸屬西班牙的殖民地，期間原住民全部滅絕，由非洲輸入黑奴。

另外，一般稱為古巴英雄的斐代爾·卡斯楚，於一九五九年在古巴革命成功，是讓古巴成為社會主義國家的人物。然而，也因此於二〇一五年斷絕與美國的雙邊關係。

古巴的宗教方面，普遍信仰基督教（天主教會），不過，由於來自各國多樣化民族在此生活的關係，信仰相當自由。

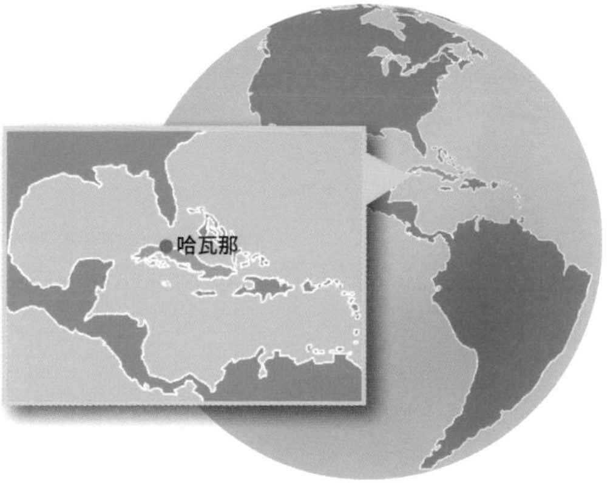

宣稱「不會回歸資本主義」的憲法

古巴的立法機關是「全國人民政權代表大會」（六〇五議席），以及從當中選出的三十一名「國務委員會」所組成。同時，**「國務委員會」的主席就是古巴的國家元首**。國務委員會的主席，也兼任古巴行政機關的「部長會議」主席。

此外，古巴為求三權分立，也設有司法機關的「最高人民法院」，但由於國家元首兼任立法及行政的主席，因此與一般印象中的三權分立不同，因為一般三權分立的目的在於防止權力集中。

古巴議會「全國人民政權代表大會」議員任期為五年，由國民直接選舉，這項選舉原本是間接選舉，從一九九二年開始改為國民直選而產生議員。「全國人民政權代表大會」每年兩次定期召開會議。

投票所連小孩也參與協助？

古巴雖然不是強制投票制，但是從

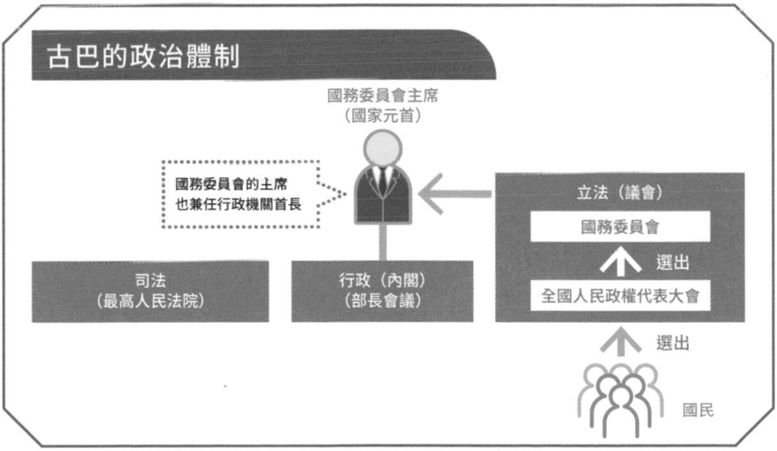

一九七六年選舉制度開始以來，投票率幾乎升高到接近百分之百的程度。其中原因一般認為是由於古巴的教育方式。已故的斐代爾·卡斯楚主席為達到「知識社會」而致力於教育。從日常生活中關心社會問題，交流彼此意見，從童年期就對選舉高度關注。

順帶一提，選舉之際，**各投票所有稱為「開拓者」的小孩協助**。古巴每五年進行一次國會、州議會改選；地方議會則是兩年半進行一次選舉。選舉時在各投票所入口，由小學四年級到國中三年級的小孩協助引導。可以想見透過這樣的方式，能夠培養古巴國民對投票的關注。

順便一提，日本從二〇一七年六月開始，選舉年齡從以往的二十歲，下修到十八歲。直到公職選舉法修正以前，也就是投票年齡仍是二十歲的時期，未滿二十歲的人不能進入投票所。這是為了防止不法投票，避免把孩子捲入政治紛爭，就這個意義來看，和古巴可以說是持完全相反的思維。

然而，這種做法也有人批評會讓家有幼兒的選民難以投票（小孩一定要委託他人照顧），因此從二〇一七年六月起未滿十八歲的孩子，也能在投票人同行下，進入投票所。

為了防範瀆職，議員不支領薪水

接下來要談的是另一個古巴選舉制度的特徵。古巴為了防堵「金權政治」，議會議員沒有支領薪水。因為沒有薪水，所以議員都有其他職業。

古巴政治家的職業，包括大學教授在內的教育人士、經濟學家、各種領域的技術人員等各行各業專家占大多數。具有一定水準以上的教育程度，高學歷者占多數也是一大特徵。或許和一九五九年的古巴革命後，全國各級教育都是免費的歷史背景有關。

就這一點來看其他世界各國，英國的「地方」議員同樣不支薪，另外，國會議員的薪資和日本相較之下，也僅有一半，實際上也是政

閒聊一下

古巴的投票權、被選舉權的年齡都是全球最低。國會、州議會、地方議會都是從十六歲開始。古巴十六歲完成義務教育，但是十八歲才視作「成人」。但是十六歲雖然仍屬於未成年，卻擁有投票權。另外，因為同樣有「被選舉權」，所以可以擔任候選人。順便一提，十六歲以上可以購買酒類、可以飲酒，菸則是十八歲以上才可以。

治貪腐較少的國家。說起來，就算當選也是無給職或薪資少的情況下，不惜違法也要求勝選的人應當會減少吧？

順便一提，古巴議員的任期，國會及州議會都是五年，和國民較有近距離接觸的地方議員，因為更能反應民意，所以任期是兩年半。

古巴共產黨果然掌握絕對強權！

在古巴擔負國會角色的「全國人民政權代表大會」為一院制。在一三八頁中曾稍微介紹了議會「國務委員會」。這個「國務委員會」，主要是在「全國人民政權代表大會」休會期間，執行國家意志的「全國人民政權代表大會」機構。

而且，這個「全國人民政權代表大會」由**「古巴共產黨」**這個政黨**囊括所有議席**。既然議會所有議席全拿，

閒聊一下

古巴於二〇〇八年開始開放手機的使用，二〇〇九年則開放使用網路。但是，家庭中使用網路仍未開放。另外，二〇一三年進一步開放個人汽車交易。

當然具有絕對性的權力，而且，古巴代表的主席也是由該黨選出，國政選舉雖然是由國民直接選出，但**實際上因為候選人和議員人數相同，因此實質上說是信任選舉也不為過**。

何況，實際上會有這樣的結果也理所當然，古巴憲法規定，**「古巴共產黨」是古巴社會和國家的領導力量**。換句話說，就和中國相同，在憲法中明訂特定政黨把持最高權力，持續一黨獨裁政權。

順便一提，社會主義國家，由特定政黨把持權力是一大特徵。**甚至在古巴憲法中就規定了「絕對不會回歸重返資本主義」**（古巴憲法第三條）。

古巴革命形成中南美最早的社會主義國家

古巴共產黨能夠掌握國家政權的原因，是因為古巴革命。

古巴革命是一場採游擊戰的武裝鬥爭，打倒當時獨裁政權的革命。

一九五二年以政變奪取政權，控制古巴的總統巴蒂斯塔（政府）是親美派，因而國內主要產業的利權便成了由美國企業掌控的狀態。國內貧富差距擴大，國民的不滿也跟著擴大，對此反彈的斐代爾·卡斯楚和出生於阿根廷的切·格瓦拉（全名歐內斯特·格瓦拉·德·拉·厄納）合作，推翻巴蒂斯塔政權，在一九五九年以游擊戰發起古巴革命。

革命成功，**一九六一年古巴成為中南美最早成立，同時也是持續到現在的唯一社會主義國家**。

一九七六年以蘇聯憲法為範本來制定憲法，同年十二月，卡斯楚兄弟中的哥哥斐代爾·卡斯楚被選為國務委員會的主席。

同時，斐代爾·卡斯楚發揮具英雄性格的領導特質，二〇〇八年由他的弟弟勞爾·卡斯楚接替他的地位，繼續領導古巴共和國，維續一黨獨裁的體制。

斐代爾·卡斯楚於二〇一六年去世，但他直到現在仍是古巴國內最受愛戴的領導者。其中一個原因是斐代爾·卡斯楚致力於消除貧富差距（收

斐代爾 · 卡斯楚
Wikimedia Commons

切 · 格瓦拉
Wikimedia Commons

入差距），謀求實現平等的社會。並且，也致力國內醫療及教育的充實。古巴的醫療及教育費用都是由國家負擔，而且，即使國民沒有工作，也能由國家配給最低限度的食材及日用品（配給制）。但是，古巴國內的經濟狀況日趨嚴峻，如何使景氣復甦成為急迫問題。

古巴因為在一九六一年成為社會主義國家，因而一度與美國斷交，但在二〇一五年七月，睽違五十四年恢復邦交。

另外，與斐代爾·卡斯楚等人引領古巴革命成功的切·格瓦拉，在古巴革命成功後，重返玻利維亞革命戰場，但在戰鬥中被捕而遭到處刑。

然而，他的理念及話語，在今日的古巴國內仍獲得許多支持，即使他死後仍被視作古巴的英雄。

順便一提，他的暱稱「切（Che）」，來自西班牙文中，親人之間的招呼用語，接近「嘿，老兄」的意思，格瓦拉對初次見面的人常這麼打招呼，古巴人覺得很有意思而為其取了這個暱稱。

閒聊一下

本書中介紹了中國、北韓、新加坡、古巴等幾個由其他國家來看，稱為「獨裁政治」的國家。提到「獨裁政治」，或許只會聯想到「惡」，但是，有時視情況，必須透過強大的權力或領導，整頓並發展國內，就這一點來看，也有無法斷言獨裁就是「惡」的一面。事實上，新加坡運用強大的言論控制，維持一黨獨裁政權，讓國家展現快速成長的績效，就是無法斷言絕對是「惡」的例子。

另外，同樣也被認為是獨裁國家的UAE（阿拉伯聯合大公國），其穆罕默德·本·拉希德·阿勒馬克圖姆總理，於二〇一〇年宣稱「要讓UAE成為世界最棒的一個國家」，實施不用繳所得稅、免負擔醫療及教育費用，二〇一六年設置「幸福部長」等陸續優渥的福祉政策，因此，二〇一六年聯合國的全球幸福排名，UAE排名上升到第二十八名（日本為五十三名）。

順便一提，土庫曼第一任總統，已故的薩帕爾穆拉特·阿塔耶維奇·尼亞佐夫，就是一位負面意義上的獨裁者，因而飽受世界各國的批評，他不但要求國民對他進行極端的個人崇拜，還在首都設置每尊高達五十公尺的個人雕像，因為個人喜愛哈密瓜而設立「哈密瓜節」。二〇〇六年，尼亞佐夫總統死後，原本的副總統庫爾班古力·別爾德穆哈梅多夫繼任為總統，他上任後仍維持一貫的獨裁政策，例如以「白色是成功的顏色」為由，禁止進口黑色汽車等詭異的政策。

尼亞佐夫總統
Wikimedia Commons

法案可以由國民提案的「人民發議」制度
由軍事政權邁向民主國家的變革

巴西聯邦共和國

- 首都：巴西利亞
- 面積：八五一・六萬平方公里
- 人口：二億九二八・八萬人
- 主要語言：葡萄牙語
- 平均壽命：七四・七歲
- 貨幣單位：巴西雷雅爾（一當地貨幣＝三四・四二日圓）

領土廣大及經濟發展備受期待的國家

巴西聯邦共和國（以下簡稱「巴西」），是國土占有南美洲東部主要陸地的國家，面積約為日本的二十三倍，國土領域廣濶居全球第五名的國家。

北部有世界流域面積最廣的亞馬遜河，形成周圍世上最大的熱帶雨林帶。巴西的宗教，天主教占了百分之七十三・六，基督新教為百分之十五・四，其他則為傳統信仰。

另外，與俄羅斯、印度、中國、南非並列經濟成長快速的新興國家金磚五國「BRICS」之一的巴西，由於鐵礦石、鋁土礦等礦產資源豐富，汽車及飛機製造等工業十分發達。農業方面，十九世紀前期開始的咖啡栽培生產量全球第一。足球王國的巴西，世界頂尖的選手更是人才輩出。

十六歲以上可投票參與國政選舉

政治體制方面，**巴西採取「總統制」**，**屬於透過公民直選總統為國家元首的聯邦共和制國家**，沒有首相。總統任期四年，只限連任一次。也就是說，最長任期為八年。

巴西的國會稱為「國民議會」，議員同樣是由國民直接選舉。目前實行由上議院（聯邦參議院，八十一名，任期八年）和下議院（眾議院，五百一十三名，任期四年）組成的兩院制。

而且，**巴西的選舉，採取從十八歲到七十歲識字的巴西公民都必須投票的「強制投票制」**，不過，若有必要，十六歲以上或超過七十歲，以及不識字的公民也能參加投票。巴西行使強制投票的制度可以回溯到一九三二年。雖然採強制投票制度能提高投票率，其中也有對政治漠不關心的人，因此買賣這些人的票就形成社會問題。

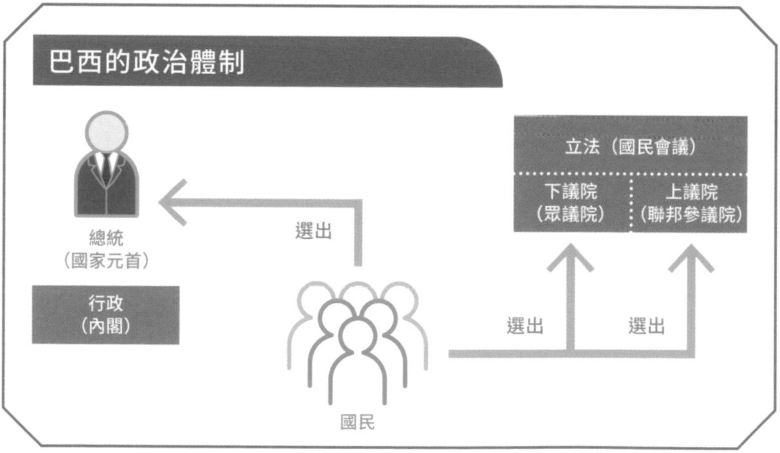

巴西盛行採用電子投票系統

巴西的選舉採用的是「電子投票系統」。不過，因為並非線上投票，有投票權者必須親自到投票所。**投票所設有投票專用的機器，畫面上會顯示候選人的照片及姓名。因此，即使不識字的人也不至於弄錯投票對象而進行投票。**本書第四十七頁介紹的印度也採用類似的系統，不過，之所以採用這樣的方式，同樣與領土遼闊及識字率的問題有關。

巴西因為採取電子投票系統，即使總統大選也能在三小時左右完成投開票。事實上，巴西的臉書使用者居全球第二位，或許也和國民習慣在生活中使

專有名詞　「BRICS（金磚國家）」

「BRICS」是在世界各國中，經濟快速成長的新興國家，包括巴西（Brazil）、俄羅斯（Russia）、印度（India）、中國（China）、南非（South Africa）等五國的字首而成的詞彙。最初只有金磚四國時，「S」使用小寫來表達複數，但加上南非後，S 便以大寫表示。不過，這是「二〇〇三年」美國高盛集團所提出的詞彙，中國目前已是世界第二的經濟大國，可以說是稍嫌過時的「歸類」。

用這類的電子系統有關。

順便一提，從別出心裁的投票方式這個角度綜觀世界各國，印尼選舉時，是在投票單上印製候選人的照片及政黨黨徽，再由投票者用指定的鐵釘在投票單上打洞。印尼識字率雖然並不低（根據聯合國二〇一五年的《人類發展報告》中的資料約為百分之九十四），然而，由大大小小島嶼組成的印尼，使用的語言形形色色，因此很多人未必能讀官方語言。

巴西選舉中使用的電子投票機
Wikimedia Commons

對政治的不信任導致獨特政黨爭相成立

近年的巴西，發生多黨林立這個略顯異常的現象。這是因為巴西推動的是就歷史發展而言相較還很短的新自由主義，對於新政黨成立的限制規則不多。另外，要正式成立政黨必須支付公家資金的規定，以及握有權力的政治家瀆職的狀況陸續發生，讓有感於政治腐敗的國民因而挺身而出，演變成政黨急速增加的狀況。

在正式成立的政黨之中，有主張監獄民營化的「巴西軍事黨」、擔心神所支配的行星遭破壞的「基督教環境保護黨」、呼籲增設體育館的「運動黨」等。順便一提，源於以巴西聖保羅為據點的足球球會哥林多人保利斯塔體育會甚至成立「全國哥林多人保利斯塔體育會」。附帶說明，巴西要正式登記為政黨需要大約四十八萬七千人的聯署。而二〇一七年時，「全國哥林多人保利斯塔體育會」據說已募集四十萬人以上的連署。

從軍事政權轉變為民主國家

若是看現在的巴西政治體制，可以說是採行總統制的一般聯邦共和國。但是，轉變成這樣的體制，並不是很久以前的事。

巴西直到一九九〇年代經濟狀況都相當嚴峻。起因是一九五〇年代的大規模工程。正要重新檢視此開發政策之際的**一九六四年，軍隊對政府不滿而發動政變，掌握政權**。

軍事政權下的巴西，權限完全集中於總統，實行限制個人權利的非民主政治。另外，在這個軍事政權下，重視經濟發展的公共工程仍積極進行，使得經濟更惡化。

其中，**平民出身的在野黨人士坦克雷·內菲斯，於一九八五年以極大的差距勝選總統，結束約持續二十年的軍事政權**。只不過，當時年屆七十四歲的坦克雷·內菲斯雖然身負國民的期待，卻在就職前夕病倒，因而無法親自上任成為總統（職務由副總統代理）。

不過，軍事政權已畫下句點，巴西為了脫胎換骨，制定了新的憲法。當時設置了「**人民修正案**」的制度，屬於一種可以由**國民參加憲法「條文制定」**的制度，可以說有點近似日本現在實施的「意見徵詢程序」（public comment）。同時，

專有名詞

「公眾意見（Public Comment）」

「Public Comment」直譯是「公眾意見」。在日本是公家機關制定、修改、廢除命令、規制、裁量基準時，事先募集並廣納大眾意見，稱為「意見徵詢程序」，或是簡稱「PubuCome」。簡單來說，就是徵詢「我們想要制定這樣的規則，你認為如何？」集合國民意見，然後考量、檢討收集的意見之制度。

汲取多數國民的意見，在一九八八年公布的新憲法，內容方面重視民主性的個人權利，政治體制也走向現在的樣貌。

另外，現在的巴西憲法，基於曾處於軍事政權下的反省，從而限制總統的權限。例如，對總統設置了彈劾（要求下台）的審判制度，或「禁止外出令」等戒嚴措施（國家發生緊急事態）的情況要件之類的各項規定。

此外，巴西設有**國民有權直接提議法案的「人民發議」制度**，比日本更加強化直接民主制的要素。順便一提，日本並沒有由國民提出「法案」的制度。當然，日本人可以透過國會議員運作，在國會提出法案，但無法由國民直接提出法案。這一點和巴西大為不同。

順便一提，就如本節一開始的說明，現在的巴西是「BRICS」的一員，透過各種努力，從一九九〇年代後期開始，經濟向上提升，進入二〇〇〇年後，GDP躍升全球排行前十名。雖然現在巴西國內仍有犯罪率高、貧富差距大的問題，但二〇一六年八月也主辦了里約熱內盧奧運，可預期今後發展前景。

大英國協加盟國
「加勒比海樂園」的政治體制與日本神似

牙買加

- 首都：京斯敦
- 面積：一．一萬平方公里
- 人口：二八九萬人
- 主要語言：英語（官方語言）、牙買加方言
- 平均壽命：七五．八歲
- 貨幣單位：牙買加元（一當地貨幣＝〇．八九日圓）

「森林與泉水之島」牙買加

牙買加是位於古巴南方一百四十五公里處的島國。從最高峰藍山（海拔二二五六公尺）為中心的高地無數急流一瀉而下，形成良港。由於整個島都位於

熱帶氣候範圍，平地一整年處於持續高溫，因而山間地帶較適於居住。「牙買加」一詞意為「森林與泉水之島」，牙買加一如其名，是個森林與水流豐沛的國度。

牙買加信仰的宗教，以基督教為主流。雖然官方語言是英語，但也使用牙買加方言的獨特語言。

此外，牙買加也是「加勒比共同體、共同市場」的成員，服務業占GDP的百分之六十以上。主要產業為礦業及農業，不過，發源於牙買加的雷鬼音樂也是主要的產業。

英國伊莉莎白女王是國家元首？

牙買加是大英國協的加盟國，所有國協成員都以英國君主作為國家元首，換句話說，英國伊莉莎白女王就成為牙買加國王。

大英國協是由英國與原本英屬殖民地的獨立國家，合計五十四國所組成的國際組織。這在國際法上並不屬於「聯邦」。所有的成員國都是主權獨立的國家，只是因為曾經隸屬英國殖民地的歷史，因而保有這樣的體制。

大英國協雖然合計有五十四個，但實際上英國女王並無法巡迴世界，在各國執行國王的任務。因此，便由英國女王任命「總督」作為代理君主。但實際上英國女王及總督的統治權也僅是形式，政治實

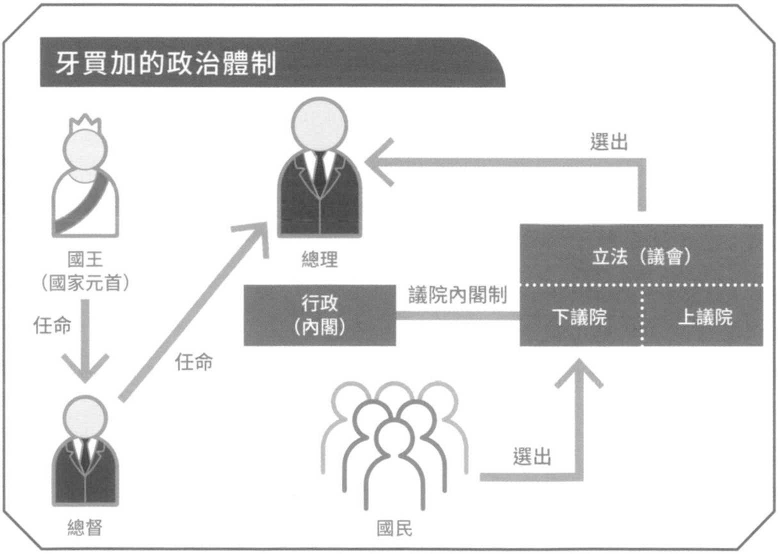

務仍是由總督任命的總理來作為一國的領導者執行國務。

和日本相似的議院內閣制

前面提到牙買加實質上的領導人是「總理」，政治體制採行議院內閣制。國會採上議院及下議院的兩院制。下議院的議員人數為六十人，任期五年，由國民投票選出。牙買加的總理，握有議會（下議院）的解散權。

相對的，上議院的議員人數為二十一人，但上院議員並不是透過公民選舉，而是由執政黨黨魁推薦十三名、在野黨黨魁推薦八名的形式組成。

而且，牙買加的總理，是下議院經由國民直選得票過半數的政黨黨魁擔任，任期為五年。二〇一六年成為總理的安德魯·霍尼斯為牙買加第十六任總理。

看到這裡，先不管細節的話，是不是覺得**牙買加的政治體制和日本很相似？**具體來說，都是採取兩院制，總理是一國實質的領導人。另外，總理是由國會的下議院選出，這也就意味著執政黨的黨魁成為總理。並且，總理具有解散議會（在日本則是「內閣」）的權力。

之所以相似是因為牙買加屬於大英國協的加盟國，政治體制以英國為參考範本，而日本現行的政治體制也同樣是參考英國。換句話說，**牙買加及日本都以英國的政治體制為藍本**。

兩代政黨「輪流」奪取政權

有關牙買加的政黨，主要是「人民民族黨（PNP）」和「牙買加工黨（JLP）」兩大政黨相互爭奪政權。兩黨都主張社會主義。

一九八〇年的大選，「牙買加工黨（JLP）」大獲全勝，但一九八九年則由「人民民族黨（PNP）」大獲全勝而政權輪替。而後「人民民族黨（PNP）」連續四屆主政，但二〇〇七年大選再次由「牙買加工黨（JLP）」獲勝，相隔十八年再度政權輪替。

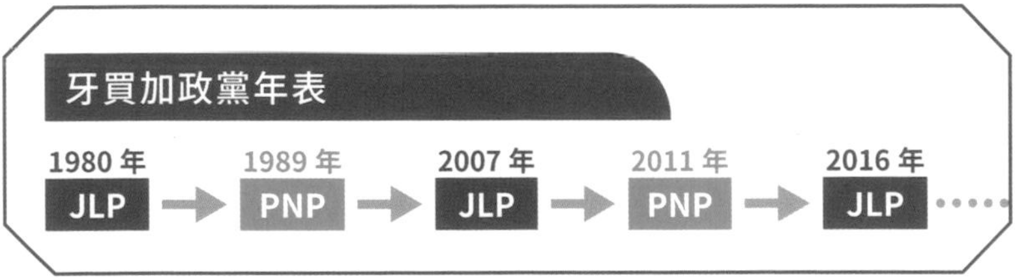

然而，二〇一一年「人民民族黨（PNP）」再次奪回政權，二〇一六年大選則又是「牙買加工黨（JLP）」重新執政……簡直就是重複輪流執政的狀況。

順帶一提，難道牙買加沒有其他政黨嗎？答案是當然有其他政黨，只不過，近年來沒有取得「議席」。

兩大政黨的創始人，同時是獨立的領導者

牙買加島是一四九四年五月，哥倫布在第二次的航行中發現，以此為發端而在一五一〇年成為西班牙殖民地。而後因為英國入侵，根據一六七〇年的《馬德里條約》，割讓給英國。

雖然在長期的歲月中受英國統治，但進入一九三〇年後，由於全球經濟不景氣，牙買加國內連續發生正式、範圍廣大的暴動。當時的領導者諾曼·曼利及亞歷山

牙買加兩大政黨以外的其他政黨

黨名	組成人員
全國民主運動	曾任「牙買加工黨（JLP）」的主席布魯斯・戈爾丁於一九九五年組建。
統一人民黨	以實現多元文化社會為目標。二〇〇七年的選舉未能獲得議席。

大·布斯塔曼特，分別組成的政黨，即為現在的「人民民族黨（PNP）」和「牙買加工黨（JLP）」。而後，一九六二年牙買加脫離英國而獨立，同年的下議院選舉中，「牙買加工黨（JLP）」勝選，亞歷山大·布斯塔曼特成為牙買加首屆總理。

在牙買加，英國君主即為牙買加國王，並且採用議院內閣制，就是長期以來屬於英國殖民地的緣故。而牙買加之所以始終由兩大政黨輪替政權，則是因為牙買加的獨立與這兩大政黨直接相關。

閒聊一下

最初的牙買加人，是在大約六〇〇年時居住於牙買加的泰諾族人。但是，泰諾族人在一四九四年被西班牙征服後，不到五十年期間便滅絕了。不過，泰諾族人所說的阿拉瓦克語中的「吊床」（Hammock）、「颶風」（hurricane）、「菸草」（tobacco）、「燒烤」（barbecue）、「划艇」（Canoe）等，現在仍流傳使用的詞彙為數不少。

4

曾有合法種族歧視的黑歷史
逐漸轉化成現代民主主義國家

南非共和國

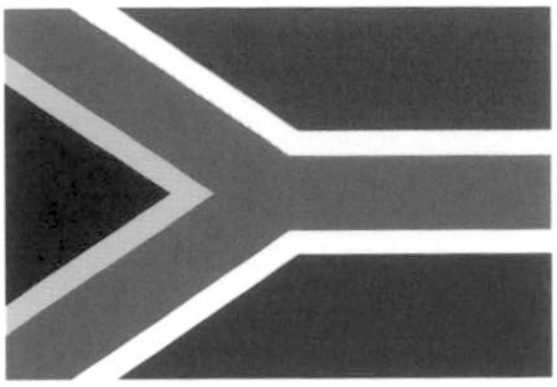

- 首都：普利托利亞
- 面積：一二二・一萬平方公里
- 人口：五六七一・七萬人
- 主要語言：班圖語支、南非語、英語等十一種
  官方語言
- 平均壽命：五七・四歲
- 貨幣單位：南非鍰（一當地貨幣＝八・四九日圓）

豐富礦產資源的背後是黑人的悲劇

南非共和國（以下簡稱「南非」），位於非洲大陸的最南端，面積約為日本的三倍。提到南非，就不能避免提及**南非種族隔離政策**。一如「政策」一詞的字

面意義，二次大戰後，握有主導權的白人政府，將種族隔離法制化，**直到一九九三年廢除為止，種族歧視都被予以「合法化」**。

南非的宗教，基督教占了大半部分。在經濟上，有傲視全球數一數二的礦產資源，黃金、鑽石等礦產資源產量在全球名列前茅。然而，卻因此留下過度奴役黑人勞工的歷史。南非雖然現在由於經濟發展備受期待，名列「BRICS」最後的「S」（South Africa），但仍有過去這段不名譽的歷史。

立法、行政、司法的權力也在地理上切割為三個區域！

政治體制上，南非採取總統制，總統是一國元首，作為行政機關首腦來組建內閣。總統由國會下議院選出，任期五年。

南非的國會採行兩院制，兩院的國會議員任期都是五年，議員席次上議院（全國省務會）為九十人；下議院（國民議會）為四百人。由國民選舉的是「下議院」的議員。十八歲以上開始擁有投票權，南非屬於共和國，上議院由各省代表組成，全國九省分別選出十人為代表，即為上議院議員。

三大城市的位置

南非的政治體制

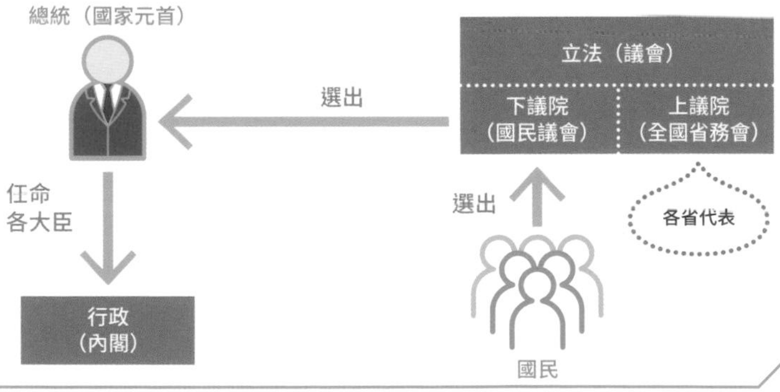

另外，南非就特徵來說，**地理上也實踐三權分立制度**。南非沒有法定的首都，代表南非政府的三項權力分布在三座城市，行政首都是普利托利亞；立法首都是開普敦；司法首都是布隆泉。

種族歧視受「法律」認可的歷史

接著要談本節一開始說的，南非在一九四八年由國民黨掌握政權後，種族歧視法制化，政策優惠白人，透過這樣的政策剝奪黑人在政治、社會上的權利，引起國際社會大加撻伐。或許令人難以置信，但**種族歧視竟然可以透過「法律」允許**。

「種族隔離制度」（Apartheid）一詞在當地的阿非利加語中意為「孤立疏遠」之意。一九四八年成為國家政策確立後，在全球廣為人知。具體來說包括以下各項差別待遇措施。

主要的種族隔離制度實例

○ 將所有南非人分為白人、有色人、亞洲人及非洲人四個「人種」。

○禁止不同人種之間的聯姻及性行為。
○指定各個人種的居住區域。
○所有公眾場所都掛上「白人專用」與「非白人專用」的布告板。

然而，由於來自全球各地的非難及國內要求廢除種族隔離政策的運動，一九九三年南非終於廢除種族隔離政策。領導反種族隔離政策運動的納爾遜·曼德拉，因為致力於廢除種族隔離政策曾入獄二十七年，他被釋放後，於一九九三年獲頒諾貝爾和平獎。一九九四年不分人種的總統普選勝選成為總統，樹立了新政權。

「非洲民族議會」一黨獨大仍然持續

有關南非政黨，在種族隔離政策廢除後，主要的兩大政黨是「國民黨」及「非洲民族議會（ANC）」。南非總統從第一任到第七任都是「國

納爾遜·曼德拉
Wikimedia Commons

民黨」出身，而後由於南非的黑人占了多數人口，因此由最多支持者的「非洲民族議會」握有政權。**「非洲民族議會」能夠得到支持，主要因為帶領這個政黨的是納爾遜．曼德拉**。一九九四年所有人種皆有權投票的總統大選以後，所有當選總統都是來自「非洲民族議會」。

南非政黨一覽表（ANC 除外）

政黨名	特色
國民會議	黑人中階層及富裕階層為支持基本盤。
民主同盟	保有僅次於 ANC 的席次。
經濟自由鬥士	反資本主義。
因卡塔自由黨	主要聲張祖魯族人的權益。

南非總統一覽表（至第七任為止都是「國民黨」黨魁擔任總統）

任期	總統名	政黨
第八任　1994 ~ 1999	納爾遜 ・ 曼德拉	非洲民族議會
第九任　1999 ~ 2008（2 任）	塔博 ・ 姆貝基	非洲民族議會
第十任　2008 ~ 2009	卡萊馬 ・ 莫特蘭蒂	非洲民族議會
第十一任　2009 ~ 2018	雅各布 ・ 祖瑪	非洲民族議會
第十二任　2018 ~	西里爾 ・ 拉馬福薩	非洲民族議會

此外，二〇一八年勝選當上總統的西里爾·拉馬福薩，同時也是為要求廢除種族隔離政策而戰的 ANC 鬥士。

內容具體的南非平等權

南非於一九六一年從英國領地獨立出來，當時國政仍由少數派的白人把持。而且，從十七世紀開始殖民的白人，對於原先住民的黑人、有色人種等混血的人民（也就是非白人的人種）給予差別待遇。

當時南非政府的說詞，是「國內的黑人分為各個不同民族，他們各自形成不同的團體，因此讓他們各自建立自己的國家不是比較好嗎？」基於這樣的說

班圖斯坦地圖

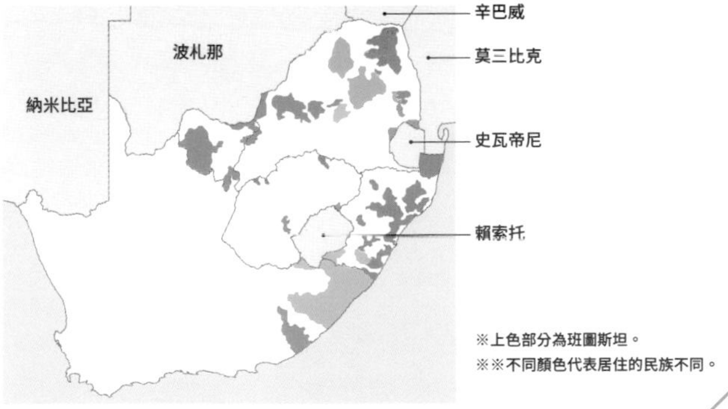

※上色部分為班圖斯坦。
※※不同顏色代表居住的民族不同。

詞，政府成立名為「班圖斯坦」（意為黑人家園）的黑人居住區，**不到全國領土百分之二十的「班圖斯坦」，卻塞進全國人口大約百分之七十的黑人，把住在這個區域的黑人視為「外國人」看待**。而且，既然是外國人，就不應享有南非人的權利，所以並未給予「班圖斯坦」的人們投票權。

然而，進入一九八〇年代以後，國內抗爭運動日趨激烈，加上來自國際社會制裁的影響，種族隔離政策逐漸廢止。當時的總統戴克拉克，借用帶領黑人解放運動的納爾遜・曼德拉力量，於一九九三年廢除所有種族隔離制度法案。並且在隔年公布暫定的新憲法，南非首次舉行不分種族的全國普選。選舉結果由納爾遜・曼德拉當選總統，一九九七年正式成立新憲法。根據這部新憲法，南非所有的國民都享有同等的權利。

順便一提，南非憲法對於「平等權」的規定，內容寫得相當具體。比方說，「不能拒絕任何人的緊急醫療」。這是因為在實施種族隔離政策的時期，曾發生黑人病倒了，卻沒有給予治療而置之不理的狀況。

另外，也規定了國家不能以肌膚顏色、性取向、年齡、身心殘障或語言為理由，給予不當的差別待遇。特別標定「語言」這一項，是因為南非由多種民族組成，各自使用自己的語言。另外，包含「性取向」，則是意指同性戀者也不能予以差別待遇。就這些規定來看，南非的「平等權」或許因為曾有過種族隔離制度的緣故，從各國來看，現在反而是相當先進的規定。

反覆的抗爭、暴動及新政權樹立
世界遺產的眷顧下，混沌的政治情勢仍然延續

埃及阿拉伯共和國

- 首都：開羅
- 面積：一〇〇・二萬平方公里
- 人口：九七五五・三萬人
- 主要語言：阿拉伯語（官方語言）、英語、法語、努比亞語
- 平均壽命：七一・三歲
- 貨幣單位：埃及鎊（一當地貨幣＝六・三九日圓）

動盪的政治情勢打擊觀光收入

埃及阿拉伯共和國（以下簡稱「埃及」）位於非洲大陸的東北，除了縱貫南北的尼羅河谷及三角洲地帶以外，國土絕大部分都是沙漠。這裡是世界遺產寶庫，

相信大家都知道是擁有金字塔的國家。

或許有人不知道埃及正式名稱是「埃及阿拉伯共和國」，成為現在這個國名是一九七一年的事。埃及的信仰，伊斯蘭教占了百分之八十四·八，其餘則是基督教（科普特教派）。雖然伊斯蘭教在憲法中指定為國教，但現在則禁止宗教活動。經濟上主要仰賴蘇伊士運河帶來的收入及觀光產業。觀光產業，由於受到國內政治情勢左右，因而呈現不穩定的狀況。

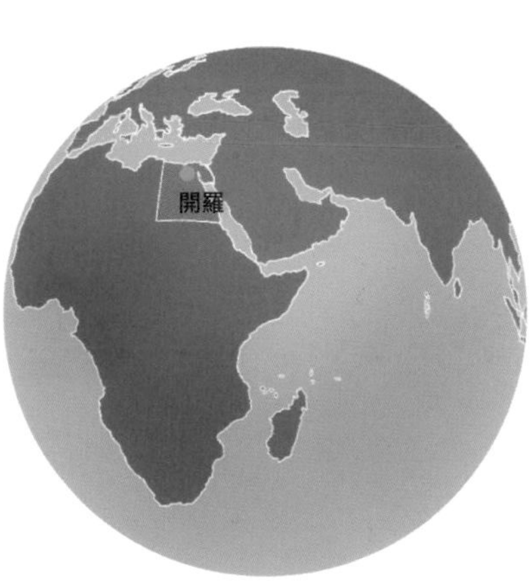

「總統」和「軍隊」把持強大權力的國家

埃及採總統制，總統是由公民投票選出的國家元首，任期四年。擁有立法、行政、司法三項強大的國家權力，並且兼任武裝部隊最高統帥。埃及雖然也有總理，但由人民直選的總統握有強大權限，因此總理實質權力並不大。

另外，若談到埃及的政治特徵，可舉出歷史上「軍隊」對政治所造成的強大影響力。（參考第一七六頁的圖）。**一般認為埃及擁有在中東規模最大、軍事力量最強的正規軍隊，正規軍士兵人數為同樣位於中東的沙烏地阿拉伯的兩倍以上。**總統雖然是埃及軍隊的最高指揮官，但軍隊政變導致總統辭職下台的情況也時有所聞。

二〇一二年雖然舉行民主的總統大選，然而選出的總統卻因為政變而被軍隊迫使下台，而後就持續著軍事政權的狀況。

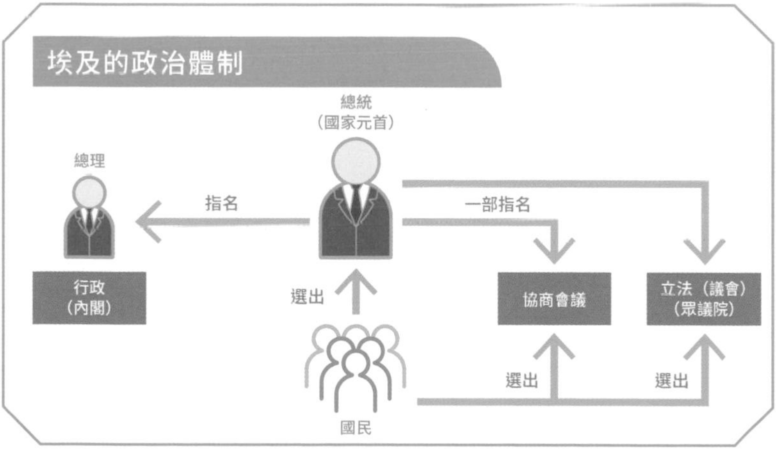

「徒留名義」的兩院制機關

說到**埃及的國會，採行的是一院制**，稱為「眾議院」，設有五百九十六個席次，其中五百六十八席由人民選舉產生，另外有二十八席可由總統指派，議員任期為五年。

眾議院的主要職能包括法案議決、預算及條約的核定、行政監督等，其他如國防、國家安全保障、外交、經濟、人權等，設有總計二十五個專門委員會。

另外，**國家機關中，並設有如同國會另一個議院般的「協商會議」**。協商會議的人數為二百七十席，其中一百八十席透過選舉選出，九十席由總統任命。不過，

埃及軍隊對政治的干預

1952 年	1953～2011 年	2011 年 2 月	2012 年	2013 年
軍事政變推翻法魯克王朝。	軍人總統（四人）持續把持政權。	大規模的民眾示威活動使得穆巴拉克政權瓦解，政權由軍方領導的武裝部隊最高委員會接管。	穆希總統上任，民選政府及文官執政之新政權誕生。	穆希總統遭到軍方罷黜，成立暫時政權。

協商會議屬於總統的諮詢機關，並未擁有立法權。

順便一提，埃及並不是從一開始就是一院制，而是直到二〇一四年一月經由國民投票，修正憲法後施行為止，都是兩院制。換句話說，「協商會議」就相當於兩院制時代的上議院，遺留其名而存在的機構。

重複「暴動建立新政權」的混亂

二〇一一年，埃及國內外發生了大規模的反政府抗爭運動。這次抗爭的目的是要求在位長達三十年政權的胡斯尼·穆巴拉克總統下台，這次的抗爭讓他辭去總統職務。

抗爭發生的背景，是國民認為必須阻止穆巴拉克總統第六次的選舉。當時穆巴拉克總統已連任五屆總統，維續將近三十年的強人政治。被視作親美派的穆巴拉克，雖然公開批評他是獨裁政治的聲浪並不多，但在將近三十年期間實施國家緊急安全法的情況下，年輕一代失業率上升、貧困、對在野黨的嚴格羈押等，造成國民日積月累的不滿。順便一提，穆巴拉克總統也是軍人出身。

到了二〇一二年，穆罕默德·穆希總統成為埃及史上首位民主選舉產生的總統，每一位國民都期待埃及就此成為自由民主的國家。然而，穆希總統仍持續施行獨攬權力的措施，同時因為接踵而來的騷動使得經濟活動停滯等惡化的狀況，二〇一三年七月，再次發生大規模的反政府抗爭活動，穆希總統因為軍事政變而被迫下台。

之後，穆希總統因為指示拷問等罪行而被定罪，二〇一五年裁決死刑後再次上訴審理。

二〇一四年阿卜杜勒－法塔赫·塞西繼任為總統後，埃及政府仍持續處於混亂的狀態，塞西總統對反體制的言論及涉嫌恐怖行動的人物進行鎮壓，以掃蕩恐怖行動的名義，擴大政府監視及治安當局的權限。

埃及雖然二〇一一年發生爭取自由及權利的「埃及革命」，但直到今天，仍然可以說獨裁政權引起的人權危機仍然持續著。

穆罕默德 · 穆希前總統
Wikimedia Commons

阿卜杜勒 - 法塔赫 · 塞西總統
Wikimedia Commons

附帶說一下，二〇一七年「無國界記者」發表有關世界各國報導的新聞自由指數排名中，埃及在一百八十國中位居第一百六十一名。第一名是挪威，敬陪末座的是北韓，日本則是第七十二名。日本排名或許低於想像，但實際上這是因為二〇一四年有關國家安全保障，針對必須特別隱匿的資訊，視作「特定祕密」，以《特定祕密保護法》規範使用時的限制。因此使得報導審查的標準提高。

順便應知道的「茉莉花革命」

所謂「茉莉花革命」，**指的是二〇一〇年年底發生於突尼西亞，而後阿拉伯各國也紛紛揭竿而起的民主運動**。「茉莉花」是突尼西亞的國花因而有此名稱，導火線是因為一名青年自焚。當時在街頭打算

專有名詞 「阿拉伯之春」

埃及二〇一一年發生的其中一件暴動被視為是「阿拉伯之春」的革命浪潮。所謂「阿拉伯之春」，是指二〇一〇年十二月發生於突尼西亞的民主運動（茉莉花革命），而後如骨牌效應般北非、中東等阿拉伯各國，也紛紛要求民主化的運動。

擺攤做生意的青年被警察逮捕，警察要求擺攤必須行賄，青年向公家機關申訴未果，為表達抗議而自焚。對伊斯蘭教徒而言，自焚對穆斯林來說代表死後無法復活，因此是一件十分具有巨大衝擊的行為。而後，反政府運動持續發生，並經由衛星傳播而擴及突尼西亞全國，事件也導致時任總統的班·阿里政權垮台。

埃及政黨未來將如何？

最後談一談埃及的政黨。由於一九六二年以後軍事政權仍然維續的緣故，行使「阿拉伯社會主義聯盟」（Arab Socialist Union／ASU）下的一黨制，不過，一九七七年ASU瓦解，根據一九七七年制定的政黨法，埃及政治才開始自由化。

從二〇一五年的國政選舉結果可以看出這一傾向，過去席次最多的「自由埃及人黨」占國會席次比例約百分之十二，無黨派的比例占半數以上。這是埃及在多次的大規模反政府抗爭影響下，重新打造新政治的階段。目前或許還未達到特定政黨把持政治的狀態。

每逢選舉就暴動，
國民相當關注政治

肯亞共和國

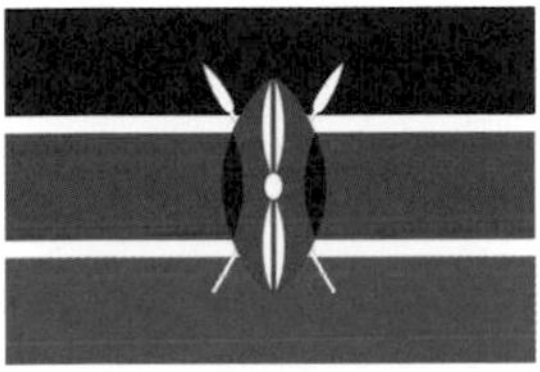

- 首都：奈洛比
- 面積：五九・二萬平方公里
- 人口：四九七〇萬人
- 主要語言：斯瓦希里語、英語（官方語言）
- 平均壽命：六二・一歲
- 貨幣單位：肯尼亞先令（一當地貨幣＝一・一〇日圓）

位於赤道卻不炎熱的高原之國

肯亞共和國（以下簡稱「肯亞」）的國土面積為五十九．二萬平方公里，約為日本國土的一點五倍。被赤道貫穿國土的肯亞，也是非洲大陸的一國，可能會令人感覺是個氣候炎熱的國度。不過，由於首都奈洛比及肯亞國內多數地域都處於海拔一千到六千公尺的高原，一年平均氣溫約為攝氏十八度，屬於十分適於居住的氣候。肯亞一年有兩次雨季，降雨集中在三月底到六月，以及十月到十二月的早上和夜晚。和日本相反，六、七月氣溫較低，一、二月氣溫較高。

肯亞的宗教以傳統宗教、基督教、伊斯蘭教為主。經濟方面可以說是東非最大規模，近年來飛速成長。政府宣言實現經濟改革的承諾，以農業發展為主，讓 GDP 提高。

五年一度的選舉年是舉國的盛大活動

肯亞採取總統制。總統由國民直選，是國家元首，也是內閣的領導人。肯亞總統擁有指定各部會首長及副總統的龐大權力。第一任總統是喬莫·甘耶達，從英國獨立出來的隔年一九六四年十二月上任。總統任期五年，可以連任兩屆。

國會採兩院制，由各方代表組成的上議院（六十八人）及國民投票選出的下議院（國民議會，三百五十人）組成。直到二〇一二年都是只有「國民議會」的一院制，從二〇一三年才改為現行的兩院制。國會議員和總統一樣任期五年，由於總統大選和地方議會選舉同時舉行，所以五年一度的選舉年，是舉國上下的盛大活動。

喬莫・甘耶達
Wikimedia Commons

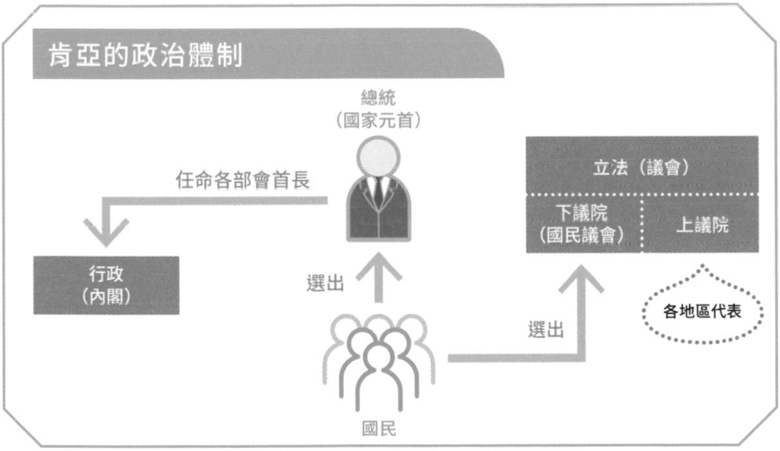

每到總統選舉就發生暴動

肯亞在建國當時，是由「肯亞非洲民族同盟（KANU）」政黨一黨獨裁的政治。但是，一九九一年修改憲法後，隔年就開始實施有多位候選人加入的全民直選。肯亞在許多人的努力下，以民主廉潔的選舉為目標，但每逢選舉仍發生舞弊等不法問題，在各地頻頻發生暴動、襲擊等事件。

肯亞獨立以來，雖然誕生了四位總統，但每一次國內的選舉，都有暴動發生。事實上，當二〇〇七年總統大選時，部族間為了選舉結果產生衝突，暴徒引起騷亂，發生死亡人數超過一千人的悲劇（肯亞危機）。另外，二〇一三年總統大選前幾天，在蒙巴薩及基利菲兩地，發生警察遭到襲擊事件，造成包括警員在內的十五名犧牲者。

此外，二〇一七年的總統大選，也發生為了防範選舉舞弊，負責電子投票系統重要任務的男性負責人遭到殺害的事件。這是因為二〇一三年的選舉曾發生電子投票系統故障，在野黨批判選舉管理委員會舞弊，因而選舉的電子投票系統受到關注。同時，在野黨也在選後對於選舉舞弊的非法行為展開大規模的抗議活動，最高法院接受在野黨申告選舉無效的申請，結果重新進行選舉，雖然最後選舉結果和第一次相同，但已造成國民對選舉的不信任。

非洲判決「總統當選無效」首例

二〇一七年八月實施的總統大選，實際上是當時的現任總統烏胡魯·甘耶達（第一任總統喬莫·甘耶達的兒子），與在野聯盟的拉伊拉·奧廷加的一對一廝殺。雖然選前支持度的調查勢均力敵，但結果是由烏胡魯·甘耶達獲勝。

然而，在野聯盟對於這個結果，表示選舉有舞弊之嫌，要求最高法院判決。

結果，最高法院判決這次選舉違法，選舉結果無效，訂於十月再次進行選舉，這是非洲民主發展史上首見。然而重新選舉的結果，仍然由烏胡魯·甘耶達勝選，在野聯盟杯葛，造成投票率過低，但反而形成他們不樂見的結果。難以收拾的狀態仍然持續。

烏胡魯 · 甘耶達
Wikimedia Commons

祈願真正的民主政治而投下一票

進入十九世紀時，來到非洲的英國人把東非地帶命名為肯亞，並開始管控這個地區。英國人對非洲人課以極重的稅金，是非洲人生活無法富足的原因。為了改變這樣的狀況，後來成為肯亞首任總統的喬莫·甘耶達帶領抗爭活動。透過抗爭活動，一九六三年肯亞成為獨立國家，一九六四年成立肯亞共和國。

姆瓦伊・齊貝吉
Wikimedia Commons

由於這樣的經緯，首屆總統喬莫·甘耶達所屬的「肯亞非洲民族同盟（KANU）」受肯亞人民支持，第二任的總統丹尼爾·阿拉普·莫怡也是出於同一政黨。

只不過，喬莫·甘耶達採取讓自己的政黨一黨獨大的獨裁政治，而丹尼爾·阿拉普·莫怡也承繼這樣的政權，因而受到其他政黨批判。另外，經濟成長停滯的狀況也招致國民不滿的批評聲浪，只好在一九九一年導入多黨政治。

接著，第三任總統姆瓦伊·齊貝吉（二〇〇二～二〇一三年）則是「國家統一黨」的黨魁，是自一九六三年獨立以來，首次從「肯亞非洲民族同盟（KANU）」手上奪取政權的人物。

姆瓦伊．齊貝吉雖然實踐言論自由等肯亞的民主化，但他卻暴露出對自己所屬的民族基庫尤族特別優厚，以及為求勝選而舞弊違法等不誠實的作為。

於是，二〇〇七年十二月總統大選之際，選舉管理委員會發表齊貝吉總統再次參加大選時，對此不滿的在野黨勢力發起抗爭，兩派衝突而發展成暴動。此外，其他部族也對基庫尤族產生攻擊，造成暴動騷亂，加上警察開槍鎮暴，雙方都出現眾多死傷。發現事態嚴重的姆瓦伊．齊貝吉，二〇一二年的總統大選不再出馬，於二〇一三年四月任期結束後引退。

肯亞國民對政治的關注程度很高，因此對選舉積極參與，具有改善自己國家的高度意識。肯亞是一個以獲得真正民主政治為目標而發展的國家。

總統強勢領導下，
成就「非洲奇蹟」的經濟成長

盧安達共和國

- 首都：吉佳利
- 面積：二・六萬平方公里
- 人口：一二二〇・八萬人
- 主要語言：官方語言為盧安達語、英語、法語
- 平均壽命：六四・五歲
- 貨幣單位：盧安達法郎（一當地貨幣＝〇・一三日圓）

從內戰導致的經濟破產復甦中

盧安達共和國（以下簡稱「盧安達」）位於非洲大陸的中央，緊鄰赤道以南幾個緯度內，由於草原及丘陵覆蓋整片國土，因而得名「千丘之國」。而且，雖

然位於赤道附近，但由於國土大部分都位於高原地帶，一整年平均氣溫在攝氏二十度左右，因此很適宜居住。

盧安達的信仰，有百分之九十三·四是基督教，伊斯蘭教占百分之一·八。經濟方面，農林漁業占GDP的百分之三十，其中以咖啡豆、茶為主要產品，一九九四年的內戰使得經濟崩壞，但一九九九年恢復內戰前的水準，而後發展便一路順遂。

此外，人口主要由胡圖族（約百分之八十五）、圖西族（約百分之十四）兩大民族組成。

擁有強大權限的總統制是基礎

盧安達的國家元首是總統。總統是由國民直選，任期七年。盧安達雖然也設有總理，但不論總理或相當於內閣的「部長會議」成員都是由總統任命，使得**總統權限十分強大**。而且，過去根據盧安達的憲法，總統只能連任一次，但二〇一五年修改憲法，改為可競選三次，即可連續擔任三屆總統。

國家的議會由上議院（二十六席次，任期八年）及下議院（八十席次，任期五年）的兩院制組成。

上議院的二十六席當中，十二席由地方議會選出，八席由總統任命，四席由政府諮詢機關之政治組織會議選出，其餘兩席則是由高等教育機關代表組成。

下議院的八十席次中，五十三席由公民直選，其餘二十四席保留給女性議

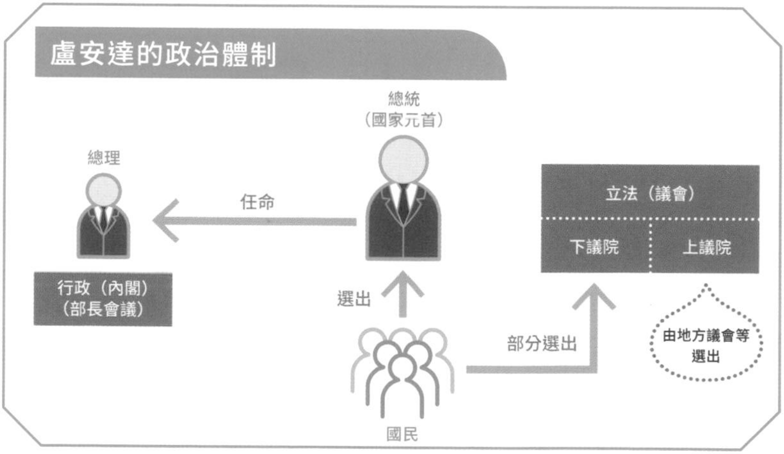

員，另有三個議席則保留由青年及身心障礙團體選出。

以「武力」終結暴亂及國家發展

一九九四年，盧安達發生悲慘的事件，也就是所謂的「盧安達大屠殺」。十五世紀時，由尼羅河地區遷徙而來的畜牧民族「圖西人」，統治多數派的原住民農耕族的「胡圖人」，在這樣的結構下產生對立，一九九〇年後演變成盧安達內亂，引發「圖西人」與「胡圖人」的民族抗爭。

而後，在一九九四年四月，當時的總統被暗殺的事件成為導火線，圖西族派系的政府及支持政府的激進派圖西人，殺害眾多的圖西人及胡圖人中的溫和派。雖然不清楚犧牲者的正確人數，但在大約一百天當中，估計約有八十萬到一百萬人遭到殺害（當時盧安達的總人口數約七百三十萬）。

為了終結這場對立，日後成為總統的保羅・卡加米因而採取行動。保羅・卡加米原本是反政府組織的「盧安達愛國陣線」（RPF）的一名軍人，在大屠殺發生之際，RPF 以武力壓制盧安達全境，開啟新政權（軍事政權）。

保羅．卡加米總統
Wikimedia Commons

而後，在一九九八年成為RPF代表的保羅．卡加米，於二〇〇〇年在當時的總統卸任後，繼任成為盧安達總統。接著在二〇〇三年，也就是自一九九四年以來初次的總統選舉，以百分之九十五的得票率當選。

成為總統的保羅．卡加米（二〇一〇年再次參選），運用武力及權力，鎮壓盧安達的內戰。他徹底箝制言論，為了防止部族抗爭，在盧安達國內，即使只是脫口說出「圖西」、「胡圖」的部族名稱，都可能擔上分裂民族的罪名而入獄。

另外，他也傾注全力在打擊犯罪及貪瀆對策上。現在的盧安達和其他非洲各國相較下，貪汙很少，首都吉佳利的犯罪率，幾乎和東京一樣低。

此外，保羅．卡加米總統更致力於盧安達的近代化。例如在小學設置二十萬部以上的筆記型電腦等，以「科技立國」為目標，二〇〇七年，盧安達發表獨特的成長策略——經濟開發暨減貧二期策略（EDPRS II）。將經濟結構改革、農村開發、青年階層就業創收、官方宣導責任等領域，作為預算分配重點，從一九九四年發生盧安達大屠殺以來，創造出被譽為「非洲奇蹟」的經濟成長。

像這樣發揮強勢的領導能力，致力整頓、發展國內的保羅．卡加米總統，由於依過去的憲法，總統最多只能連任一次，因此二〇一五年修憲後，有可能至二〇三四年都能繼續擔任總統。而後，在二〇一七年八月的總統大選，得票率高達百分之九十八．七大獲全勝。

雖然他的建樹受到認可，然而來自反對派的反彈及為了鞏固自己權力基盤的作法，讓美國及歐盟各國批判他是獨裁者。

首都吉佳利的街景
Wikimedia Commons

女性議員比例世界第一！

接下來談到盧安達的政治體制，另有一項需要注意的地方，那就是在整個國會中，女性議員所占的比例居世界之冠。

根據全球國會議員參加的國際國會聯盟（總部日內瓦）二〇一八年三月公布，有關二〇一七年各國進入議會的女性報告中，盧安達女性議員的比例（下議院）在全世界一百九十三個國家中，榮登榜上第一名（約百分之六十一・三）。

在這份報告中，因為是比較全球一院制的議會或者是下議院的女性議員人數，因此可以說原本下議院僅有八十席的盧安達容易有較高的比例，但即便如此，多達四十九名女性議員高於男性議員仍值得注目。雖說盧安達因為種族抗爭，有相當多男性遭到殺害，但因為法律規定女性議員在議會的比例必須占百分之三十以上，下議院八十席次中，也為女性保留了二十四席。

順便一提，在這項調查中，日本排名一百五十八，雖然比上一次調查時的排名一百六十三上升，但是在七大工業國集團（G7）中，仍是敬陪末座。

議會中主要國家女性議員比例排名（2017 年）

排名	國名	排名	國名	排名	國名
1	盧安達	5	瑞典	71	中國
2	玻利維亞	14	法國	100	美國
3	古巴	39	英國	128	俄羅斯
4	尼加拉瓜	43	義大利	158	日本

依臺灣第十屆立法委員選舉結果，女性立委共 47 席，占總席次 41.59%，參照 IPU 的統計數據，臺灣女性國會議員比例是亞洲之冠，全球排名第 16 名。

5

持續引進先進投票制度的國家
義務與無記名投票等，

澳洲聯邦

- 首都：坎培拉
- 面積：七六九・二萬平方公里
- 人口：二四四五・一萬人
- 主要語言：英語（官方語言）
- 平均壽命：八二・五歲
- 貨幣單位：澳洲元（一當地貨幣＝八六・三〇日圓）

六個州組成聯邦

澳洲聯邦（以下簡稱「澳洲」）位於南太平洋，是世界最小的澳洲大陸及塔斯馬尼亞島形成的國家。

澳洲原本屬英國殖民地，一九〇一年原有的六塊英屬殖民地組成了現在的澳洲聯邦。

人口約為二四四五．一萬人，相當於日本的六分之一，但土地遼闊，約為日本二十倍。北部屬熱帶、東部為溫帶、南方為地中海型氣候，居住地區不同氣候也有差異。原本中央就是沙漠地帶，幾乎無人居住。

澳洲信仰的宗教以基督教為主。經濟方面，數十年間景氣從無衰退，持續有所成長，農牧業及工業為經濟核心。

「澳洲國王」和「英國國王」為同一人

澳洲因為加盟大英國協，因此奉英國女王為元首。權限部分，澳洲憲法也規範了英國國王的行政權，這和前面介紹的牙買加相同，都是基於澳洲曾屬於英國殖民地的緣故。

話雖這麼說，英國女王在澳洲國內，幾乎沒有任何政治權力。另外，英國女王無法在澳洲來來去去，因此由英國女王任命「總督」，代替國王的職務。只不過，總督的統治權也僅是一種形式，實際上仍由澳洲的總理左右一國的政治。

此外，一九九九年時，雖然曾進行公民投票，試圖廢止徒具形式的國王（君主）制度，改為採行共和制（無君主存在的制度），但反對共和制者仍占多數，因而仍維持現狀。

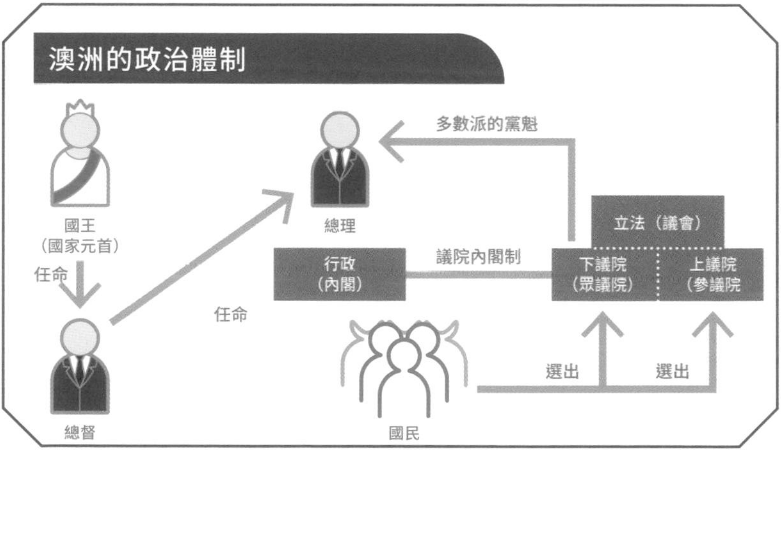

過去曾有過世界首次的「祕密投票」

澳洲國會是由上議院（參議院）及下議院（眾議院）組成，都是透過公民直選，屬於兩院制。上議院任期六年，下議院任期三年。

實質上是國家領導人的總理，則是由下議院（眾議院）中獲得最多席次的政黨黨魁擔任。總理組織內閣，成為具有實際行政權的領導人。由於總理是由國會選出，因此澳洲採行的是議院內閣制。前面提到澳洲的行政權屬於國王，但實質上卻是由總理所組的內閣掌控行政權。

另外，就「政黨黨魁」成為首相、採取兩院制、由下議院選出總理這幾點，和日本的政治體制相似。我們在牙買加一節當中也曾說明，澳洲同樣曾屬於英國的殖民地，因此採用英國形式的議院內閣制，而日本因為政治體制以英國為藍本，所以澳洲和日本的政治體制亦極其相似。只不過，**澳洲有別於日本的一點是——原則上，上議院和下議院的權限平等**。

澳洲的維多利亞省於一八五五年採用無記名投票方式（也就是所謂的「祕密投票」secret ballot）。這個選舉方式是世界首次的投票制度，因而也稱為「澳大利亞式選舉」（Australian ballot）。雖然有多種稱呼，但一般認為世界首次的「祕密投票」是源於澳洲。

保守聯盟維持聯合政權

觀察澳洲主要政黨會發現，上議院及下議院都由「澳洲保守

澳洲保守聯盟的立場

政黨名	立場
澳洲自由黨 Liberal Party of Australia	中間偏右。
澳洲國家黨 National Party of Australia	改名自鄉村黨（Country Party），代表地方利益的保守政黨。
鄉村自由黨 Country Liberal Party	以上面「鄉村黨」為根基的保守政黨。

澳洲主要的在野黨

政黨名	立場
澳洲工黨 Australian Labor Party	基於澳洲勞工運動而成立的社會民主主義政黨。
澳洲綠黨 Australian Greens	以環境保護和平運動為核心的政黨。
保琳 · 漢森單一民族黨 Pauline Hanson's One Nation	主張為了國家應當只能有一個種族。

聯盟」這個聯合政黨形成執政黨。有關這個「聯合」的立場，以及獲得議席的在野黨，請見右頁下方表列說明。

投票所附近熱鬧如「慶典」

在澳洲，只要是十八歲以上的國民，都有投票權，這一點和日本相同。不過，國家議會或各州選舉是國民義務，因此訂定了「強制投票制度」。所以，若是沒有正當理由而不投票，必須科以二十澳洲元（相當一七五〇日圓）的罰金。

澳洲從一九二四年開始實施強制投票制度以後，投票率就不曾低於百分之九十。反觀日本近年的國政選舉投票率，大約都徘徊在百分之六十上下。雖說是採取強制投票制度，但由**將近一百年「不曾低於百分之九十」**的數字可知這是多麼了不得的事情。

閒聊一下

澳洲的首都雖然是坎培拉，但知名度卻不如雪梨及墨爾本。最初原本決定要以雪梨或墨爾本為首都，但兩大都市都不願退讓，最後折衷選擇位於中間位置的坎培拉。

順帶一提，澳洲的投票日絕對是在星期六進行。成為投票所的當地學校或教會等場所，會推出各種攤位，販賣杯子蛋糕等甜點，宛如慶典般熱鬧。其中名為「sausage sanger」的澳洲風味熱狗麵包甚至成為必有的人氣商品，若是在東京的澳洲大使館投票，同樣也能享用美食。

或許投票所這種歡樂的氣氛，也對高投票率有所貢獻。

賣熱狗麵包的攤位
Wikimedia Commons

澳洲引用先進的「投票制度」

前面提過澳洲採取「強制投票制度」，而且是全球率先採用無記名投票（祕密投票）的國家，就這個意義而言，澳洲可說是始終引用先進制度投票的國家。

澳洲的誕生是在一九〇一年，在這之前仍是英國殖民地時期便開始實踐澳洲當地的投票制度，**那就是「一人一票」與「女性參政權」**。

一八五六年，南澳州廢止依據財產、職業而賦予的選舉資格制度，所有成年男性都具有投票權。並且在一八九四年讓成年女性也擁有投票權。這個規定在「澳洲聯邦」成立後仍繼續引用。附帶一提，在國家體制下賦予女性擁有投票權是在一九〇二年，繼全球第一的紐西蘭，順位居世界第二。

此外，一八九〇年代所有殖民地都廢止複數投票制度，採取「一人一票」的原則。所謂複數投票制，就是擁有較多財產者（繳納較多稅金的人）或者擁有較高學歷的精英等，給予多重投票的權利。

即使到了現在，下議院選舉仍設立了獨特的「**排序複選制**」（Instant-runoff voting，IRV）投票制度。作法是在投票單上寫下所有候選人的名字，依照希望當選的順序標上號碼。這裡省略詳細計算方式的說明，簡單來說，相較於比例代表制，更能反映出有權力的意向。

世襲的傳統君主制，
卻同時並行立憲主義的國家

東加王國

- 首都：努瓜婁發
- 面積：七四七萬平方公里
- 人口：十・八萬人
- 主要語言：官方語言為東加語、英語
- 平均壽命：七二・九歲
- 貨幣單位：東加幣（一當地貨幣＝四八・三〇日圓）

與日本關係深厚的南太平洋島國

東加王國（以下簡稱「東加」）是位於南太平洋上，國際換日線西側，連無人島在內總計一百六十九個島嶼，分為四個島群。政治及經濟中心在首都努瓜婁發所在的東加塔布島，島上居住人口約占全國百分之七十。順便一提，東加於一九〇〇年到一九七〇年為止屬於英國的保護國，但並非殖民地。東加的信仰以基督教為核心。

在經濟方面，農業是主要產業，近年針對日本等國致力於南瓜的生產。另外，由於四周環海，漁業也很繁盛。只不過，國家財政吃緊，必須仰賴澳洲、紐西蘭、日本等海外援助或在國外工作的匯款，高失業率也成為東加必須解決的問題。

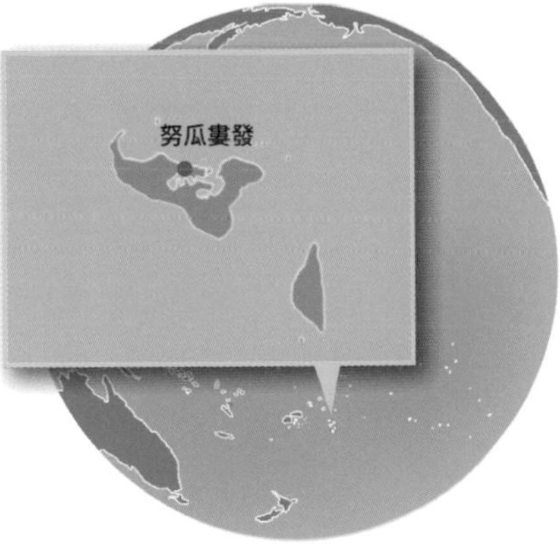

放眼世界少見的「絕對君主立憲制」國家！

在政治體制方面，東加採取「君主立憲制」。所謂「君主立憲制」，就是該國雖然有君主（國王），但是依據憲法限制君主的權限。就君主權限受到限制這點，和毫無限制的「君主專制」有很大的差異。

然而，東加卻有世襲的「國王」，國王是國家元首，**「國王」擁有強大的政治權力**，雖然不能說是「君主專制」，但可以說是維持傳統的君主制。

只不過，**東加「國王」的權力並非絕對，而是有憲法加以限制**。說起來似乎像是在玩文字遊戲，也就是說東加雖然有「君主專制」的國王，但因為權限受到限制，所以**屬於「君主專制」與「君主立憲制」融合制度的政治體制**。並且，東加雖然也有「首相」，但首相權力僅限於行政權（內閣）。

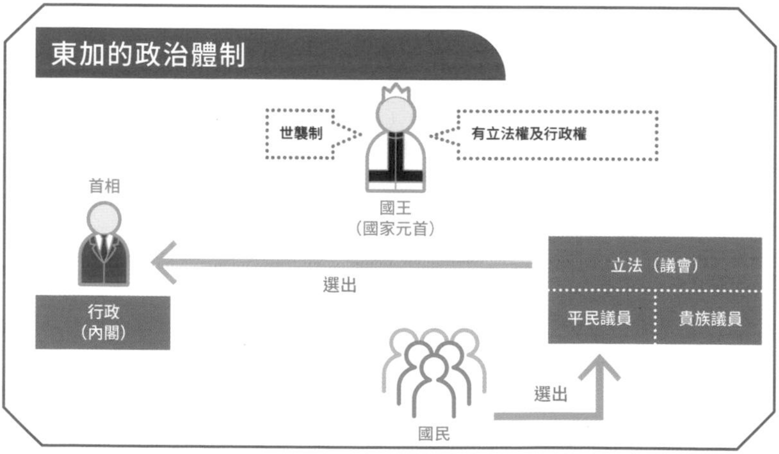

只有二十六人的迷你國會

東加的國會屬於一院制。議會席次中九位是貴族議員，十七席則由選民直接選出，總計二十六席的迷你國會。議員任期四年。

貴族議員雖然是由貴族間選出的間接選舉，代表民意的議員，則是由國民（平民）透過小選區制度選舉出來。**具有投票權的條件是二十一歲以上有納稅的國民，並且必須具有讀寫識字能力**。東加的識字率高達百分之九十九．四，因此識字能

閒聊一下

東加的國民，有明確的「國土」、「貴族」、「平民」等劃分。基本上不承認身分變更。不過，憲法則不受限於身分，一律平等適用。左側的照片，是二〇一五年七月拍攝的杜包六世。杜包六世於二〇〇〇年到二〇〇六年期間擔任首相，於二〇一二年繼承王位成為「杜包六世」。另外，日本與東加於一九七〇年建立邦交以來，兩國關係良好。杜包六世的加冕儀式，日本皇太子夫婦也出席觀禮。

杜包六世
Wikimedia Commons

力條件並不構成問題，但以納稅為條件，因此屬於「限制選舉」。**「限制選舉」相對於「普通選舉」，意指對於投票權利，施以納稅等年齡以外的條件之制度**。日本不用說，只要是十八歲以上的公民，任何人都具有投票權，因此屬於「普通選舉」。目前東加正處於朝向民主化改革的道路上，二〇一〇年選舉制度也有極大的變革，但國王的權力（影響）仍然相當強大。

民主化浪潮也影響南太平洋的島國

前面提到東加有身分制度之別，因此東加人民也與其他國家一樣，期望身分制度改革的聲浪日漸高漲。在選舉制度方面，不滿王室身分擁有的特權，期盼改革的民眾於二〇〇六年十一月，

東加目前主要政黨

	政黨名	立場
親民主化運動政黨	友誼群島民主黨	黨魁是阿基利西 ・ 波希瓦於（2018 年 1 月時為首相）。2010 年 9 月成立，以公開透明的政治與經濟改革為核心。2017 年的大選時和人權民主運動黨（HRDM）等組成親民主化運動政黨，總計 17 席次中取得 12 席。
	人權民主運動黨（HRDM）	1970 年代後期，關注民主主義的人們集合設立。1992 年改為現在的黨名。2005 年的大選，費萊蒂 ・ 塞韋萊勝選成為首任平民首相。

針對民主的落後，居民發起了抗爭運動。

受到抗爭運動的影響，東加終於在二〇一〇年通過憲法及選舉制度的改革案。結果，過去僅有九人的人民代表議員席次增加為十七席。同年十二月，不再是「國王」，而是國會選出的圖伊瓦卡諾貴族代表議員成為首任的首相。

此外，東加的政黨是在一九九二年開始成立。一九九二年改革派議員創設「人權民主運動（THRDM）」政黨。二〇〇五年的選舉，「人權民主運動（THRDM）」黨取得八席。或許你會覺得八席算什麼，然而，當時的人民代表議員僅有九席，因此取得八席已算得上是「壓倒性大勝」。二〇一七年十一月的選舉，親民主化運動的政黨，取得十七席。

從古至今確立君主制形成的體制

就如前面的說明，雖說東加在憲法有所限制，但因為仍留存擁有權力的「國王」，所以是「世襲」制的君主制度；但另一方面，東加又有透過公民直選的議會議員，因此也具有「首相」這個民主主義國家的一面。

這是因為現在的東加，雖然已從古沿襲至今的君主制，逐漸走向民主主義國家的道路，但重視傳統的國家風氣及國王對政治的干涉仍然很深，現況下仍然難以轉向民主化。

就如本節一開始的敍述，東加從一九〇〇年到一九七〇年為止都是英國的保護領地，並非殖民地。事實上，**在南太平洋各國中，唯有東加並未成為西歐列強各國殖民地**。原因是東加和其他周邊各國不同，很早就統一為一個國家，一八七五年便創建成文憲法。順便一提，日本制定憲法（《大日本帝國憲法、明治憲法》）是在一八八九年。

換句話說，西歐各國不得不承認東加是一個主權國家，無法輕易將東加成為殖民地。

但有趣的是，東加從很早以前政治就開始近代化，保有一國的憲法，形成特有的政治體制（即君

憲法規定下的東加國王主要權限

①國會的解散與召集權	⑤特赦權	⑨國土處分權
②法律制定權	⑥外交權	⑩大臣任免權
③法律裁量權	⑦貨幣制定權	⑪地方首長任命權
④統帥權、戰爭權限	⑧戒嚴發布權	⑫國會議長任命權

此外，有關「首相」，規定的權限是「主導內閣」、「監督政府活動」等項目。

主專制的制度），直到現在仍保留其政治體制。

從另一個角度來看，東加的國土面積大約相當於日本的對馬島，人口大約十萬人，相較下屬於小國，在政治層面上意識到民主化必要性的國民可以說是少數。實際上，直到一九九二年政黨成立前，對東加人民而言，選舉可以說事不關己。政黨所屬的候選人也沒有發表演說，對於在自己不知道的領域，正在進行著政治，東加人並沒有特別的疑慮或不滿，日子照樣過。

然而，現在的東加已逐漸改變，街道上可以看見正在演說的候選人，想必未來國民的意識也會有所改變吧？二〇一七年十一月實施的國政選舉，國王杜包六世宣布「解散」議會就是最佳明證。這在東加是史無前例的事，解散議會，進行總選舉，體現讓國民意見反映在國政上的表現。

專有名詞 何謂「保護領地（國）」？

所謂的「保護領地（國）」，是指在特定國家的保護下，免於遭受外在的攻擊入侵，但相對的，在對外關係上，也是受進行保護的國家（宗主國）所管轄的領域。

索羅門群島

選舉經營、暴動鎮壓等，受國外援助而建立民主化

- 首都：荷尼阿拉
- 面積：二・九萬平方公里
- 人口：六一・一萬人
- 主要語言：官方語言為英語、洋涇濱英語
- 平均壽命：六八・一歲
- 貨幣單位：索羅門幣（一當地貨幣＝十四・四七日圓）

二次世界大戰激戰區的歷史軌跡

索羅門群島位於澳洲的東北方，北從巴布亞紐幾內亞東側的布干維爾島，東西橫跨大約一千六百七十公里，包括瓜達康納爾島、聖伊莎貝爾島、新喬治亞群

島、聖克魯斯群島等大小超過一千以上的島嶼而形成的海洋國家。一國當中最大的瓜達康納爾島，第二次世界大戰中成為日軍與美軍激烈交戰的場所而聞名。

很多人可能對索羅門群島這個國家沒什麼概念，但它的專屬經濟海域居南太平洋第三位。氣候方面，由於全境屬於熱帶氣候，全年高溫。

索羅門群島的宗教幾乎全數信仰基督教。經濟上以木材、椰子核、魚貝類等一次性產品為主，鋁土、鎳等礦產資源也十分豐沛。

五十名議員，採行一院制的議院內閣制

索羅門群島因為屬於大英國協（參考一五八頁），與澳洲等國相同，英國國王即為索羅門群島的國家元首。

然而，國王同樣僅止於象徵性的角色，國內有英國國王任命的「總督」代行職務。只不過，這一點也和澳洲等國相同，總督的統治權

也只是形式，實質上，「總理」才是一國領導人。

索羅門群島的國會屬於一院制，只有五十議席。然後再由議員當中選出二十名組閣，因此可說屬於議院內閣制。內閣成員從議員之中推薦總理，由總督任命。國會議員任期為四年，採小選區制進行選舉。

另外，透過國會內的選舉而產生的「第一大黨」的「黨魁」成為總理，這一點也和澳洲相同。

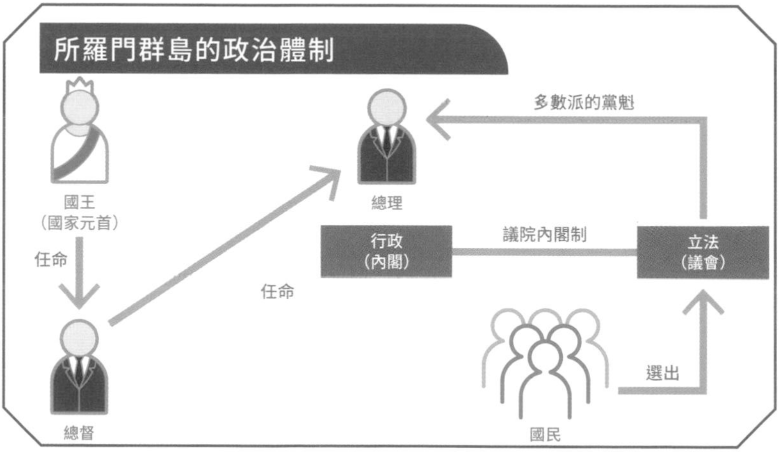

專有名詞

「專屬經濟海域」

所謂「專屬經濟海域」（EEZ：Exclusive Economic Zone），是指能夠不受他國侵擾，自由進行漁業、探勘石油等天然資源，或進行科學調查等活動的海域。反過來說，除了這些活動以外，不能獨占經濟海域，如禁止他國船隻經過海域，或飛機飛過上空、他國在海底鋪設管道等。

像日本這樣四周環海的國家，就能享有大約不超過三百七十公里的範圍，視作自身國境的「領海」及「專屬經濟海域」。

日本的專屬經濟海域

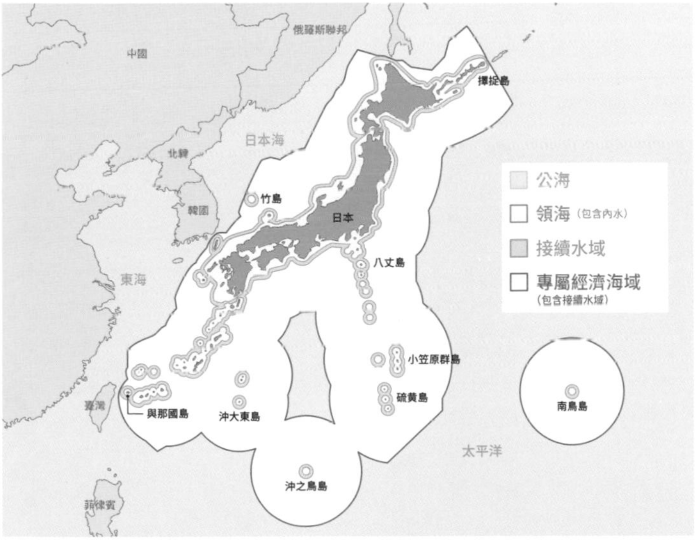

因為沒有軍隊，發生暴動時由鄰近各國援助鎮壓

一九九八年以來，瓜達康納爾島上的當地居民，與來自北部馬萊塔島上的移民者之間發生激烈對立。二〇〇六年六月，馬萊塔島出身者的武裝集團，發生軟禁總理，逼迫總理下台的事件。同年十月，政府與馬萊塔島派與瓜達康納爾島派的武裝勢力簽訂和平協議，但對立狀況仍然持續。

後來，在國際選舉監察團的監察下，實施總選舉，開啟艾倫·凱馬凱薩政權。只不過，種族之間的對立仍然持續的緣故，二〇〇三年澳洲及紐西蘭主導的索羅門群島救援團被派來支援。

索羅門群島的治安暫時恢復平靜，但二〇〇六年總選舉過後，再度於首都荷尼阿拉發生暴動，再次迫

閒聊一下

第二次世界大戰期間，一九四二年八月以後，索羅門群島的瓜達康納爾島，日本軍隊和同盟國軍隊持續激戰。繼中途島海戰後，同樣被視作戰略反攻轉折點的瓜達康納爾島戰役，悲慘的激烈戰況難以想像。

使總理下台，持續無法安定的狀態。附帶說明，索羅門群島於一九四三年曾被美國占領，一九七六年成立自治政府，一九七八年成為大英國協下的君主立憲國而獨立，但是國內並沒有軍隊。因此，只要國內一發生暴動，就得接受鄰近國家的援助鎮壓。

在國際選舉監察團的監察下進行選舉

就如上頁的說明，索羅門群島由於種族間的持續對立，政局始終無法安定。二〇一一年啟動的里諾政權，在二〇一四年任期屆滿而進行的總選舉，究竟是否能平靜無波地完成選舉？或是結束後又會再次發生暴動？成為確認索羅門群島走向民主化是否能穩定的重要選舉。

過去索羅門群島的選舉，都有國際監察團派至索羅門群島的主要都市，持續進行監察選舉的進行，結果，過去曾兩次就任總理的梅納西·蘇嘉瓦瑞總理再次參選而成為總理（二〇一七年十一月因為不信任案通過而辭任，成為副總理兼財政部長）。

附帶說明，蘇嘉瓦瑞總理過去兩次當選時，第一次隸屬於「人民進步黨」，第二次上任則隸屬「索羅門群島社會信用黨」，二〇一四年第三次的參選，是以無黨籍當選。過去蘇嘉瓦瑞總理所屬的政黨，在二〇一四年大選沒有獲得議席，政黨交替也十分激烈。

2014 年總選舉結果

黨名	議席
民主聯盟黨	7
統一民主黨	5
人民聯盟黨	3
索羅門群島鄉村發展黨	1
鄉村黨	1
索羅門群島人民第一黨	1
無黨籍	32
合計	50

成為近代民主國家指日可待

西方人初次來到索羅門群島，是在一五六八年西班牙人的登陸。一九〇〇年被英國占領，一九四二年被日本占領，翌年的一九四三年又被美國占領。而後，一九七八年加入大英國協成為君主立憲國而獨立，從歷史軌跡來看，索羅門群島可說是長年在他國占領下而逐漸達到獨立的國家。

首都荷尼阿拉的人口不到七萬人，除此以外的多數國民都居住在沿海地帶。另外，為數眾多的島嶼形成的索羅門群島官方語言雖然是英語，但實際上當地人所說的英語是混合當地語言的「洋涇濱英語」，各個島嶼也都有根深柢固獨特的文化或習俗。索羅門群島的「洋涇濱英語」約有一百二十種，各部族間的言語、文化也有差異，不斷發生民族紛爭正是索羅門群島的現況。

再加上，部分政治家或學者的瀆職問題、違法疑雲叢生，更加速政治上的混亂。要成為民主主義的國家或許仍然需要一段歲月，但在鄰近各國的協助下，可以期待未來的發展。

投票的狀況（2014 年）

開票的狀況（2014 年）

以上圖片來自日本外務省官網（http:www.mofa.go.jp/mofaj/a_o/ocn/sb/page3_001035.html）

維安部隊同伴投票率達百分之二百等
選舉上的課題仍然層出不窮

巴布亞紐幾內亞獨立國

- 首都：摩士比港
- 面積：四六・三萬平方公里
- 人口：八二五・一萬人
- 主要語言：巴布亞皮欽語（皮欽語）、英語、民族語言
- 平均壽命：六二・八歲
- 貨幣單位：吉納（一當地貨幣＝三五・九三日圓）

因豐沛的大自然而享有南太平洋最後樂園之譽

巴布亞紐幾內亞獨立國（以下簡稱「巴布亞紐幾內亞」）位於澳洲北部，緊鄰赤道以南的位置。領土包括新幾內亞島東半部、俾斯麥群島、布干維爾島等各

島。順便一提，新幾內亞島為世界第二大島，絕美的海洋、層巒疊翠的自然美景，堪稱「南太平洋最後樂園」。國土絕大部分屬熱帶氣候，同時也受到季風很大的影響。首都摩士比港的平均氣溫，一月為攝氏二十七·五度，七月仍維持攝氏二十六度，冬天也宛如夏天般炎熱。

巴布亞紐幾內亞信仰的宗教，以基督教和傳統宗教為主。經濟方面主要是種植咖啡豆和可可豆等，另一方面，礦產則以輸出白金、銅、貴金屬礦等為軸心。二〇一四年開始生產液化天然氣。

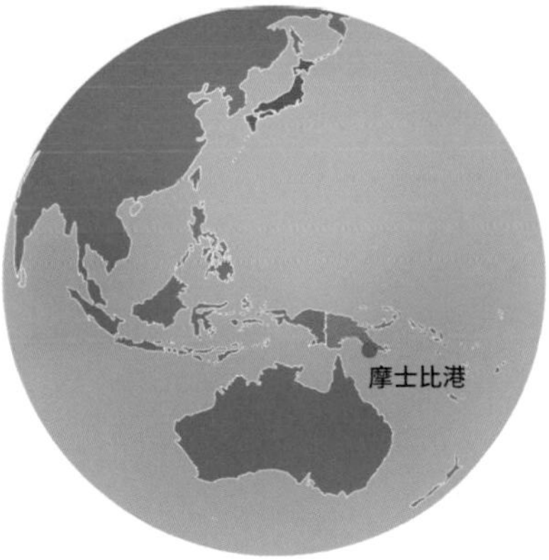

二〇〇七年初次誕生女性議員

巴布亞紐幾內亞同樣屬於大英國協加盟國，因此形式上也視英國國王為國家元首。不過，英國國王同樣只有象徵意義，國內由英國國王任命的總督代行元首職務。而且，總督的統治權同樣徒具形式，因此實際推動一國政治的是總理。總理是由國會第一大黨的黨魁，經由總督指名擔任。另外，內閣的各個成員，則由總理推薦，總督任命。

國會採一院制，總計一百一十一席中的八十九席為小選區制，其餘的議席主要是各省透過選舉產生的地方代表。成為各省代表的人，只要不是國務大臣，就同時兼任各省省長，任期為五年。

巴布亞紐幾內亞以男性為中心也是其政治特徵，現在仍僅有一名女性議員，即使推出女性候選人也落選。

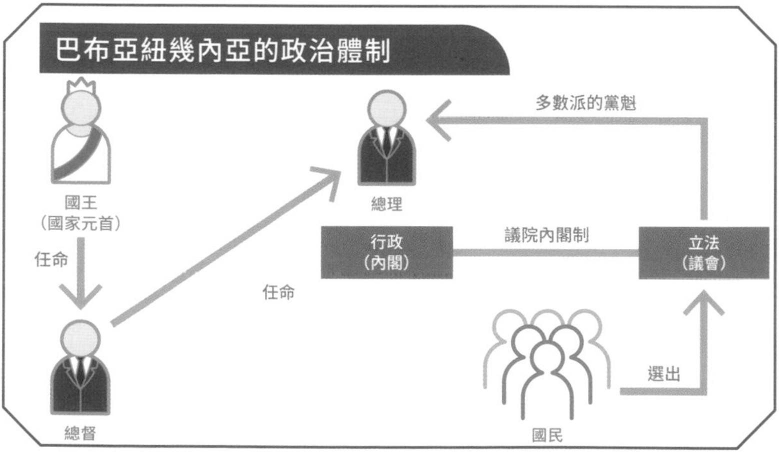

維安部隊巡行全國的選舉

巴布亞紐幾內亞分為山岳地區、島嶼地區、莫馬塞地區及巴布亞地區等四個地方行政大區。分屬這四區的二十個省，加上布干維爾自治區及國家首都區（摩士比港及凹布亞地區），共計二十二省。

國政選舉投票日依各地區而有所不同，選舉管理委員會及維安部隊前往各地區來進行選舉。維安部隊之所以同行，是因為選舉時犯罪案件也隨之增加，尤其是山岳地區，所以會帶來危險性。即使在都市的投票，投票至少要花一天，開票需要一星期，直到開票結果確定需

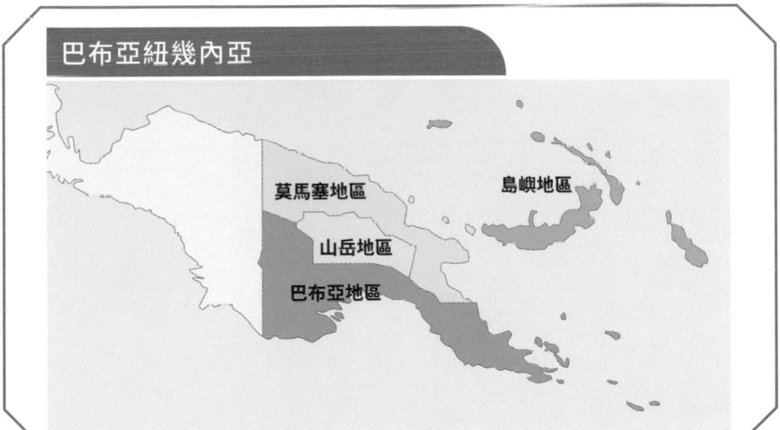

要兩星期左右。如果是山岳地區及島嶼地區，有些地方光是「投票」，就得花上兩星期左右，因此全國一百零九個選區的投票結果，必須花費一個月至一個半月左右。

「擅自貼滿海報」「投票率百分之兩百」的悠閒選舉活動

二二五頁的照片，是二〇一七年在巴布亞紐幾內亞進行國政選舉時，貼著選舉海報的建築。這個海報竟然未經屋主同意就擅自張貼，據說街上有建築物的地方，也到處貼滿了海報。屋主也都習以為常，多數人並不會一一撕下來。

或許在現在的日本難以想像（該不會有些地方也有同樣景象），照片中的景象仍然遺留著牧歌般的氣氛。

另外，巴布亞紐幾內亞在投票結束後的選民，**小指會被塗上特殊墨水，作為「已投票」的印記**。就像在日本的主題公園等場所，為了便於讓因為某些因素必須暫時離開會場，又能再度進場的檢查，會在手掌或手腕蓋上特殊的章來辨識一樣，巴布亞紐幾內亞就是類似的作法。

巴布亞紐幾內亞採取這類別開生面的系統來進行選舉，卻因而發生意想不到的問題。

這是因為巴布亞紐幾內亞投票期間長達兩星期，期間似乎有很多可能因為墨水印剝落，或是故意洗掉墨水印後，再度前往投票的人，於是就出現投票率高達百分之二百這種離譜的數字。

有關這一點在國際機構「太平洋群島中心」的官網上，寫著「估計有權投票人數為四百一十萬人，但投票單準備了一千萬張」，或許就是基於這個原因。

話說巴布亞紐幾內亞於二〇一七年六月下旬到七月上旬，進行五年一次的大選，為了讓選舉順利進行，而有來自國外的選舉監察團。日本也由巴布亞紐幾內亞大使館指派國際選舉監察員。

這次選舉的結果，由現任的歐尼爾總理所帶

2017 年的大選，被貼滿競選海報的建築物。
攝影：Akemi Mikata

投票所的狀況
照片提供：PNG 日本

領的執政黨聯盟獲得過半數支持，完成連任。巴布亞紐幾內亞從二〇一四年開始輸出液化天然氣的成果，另外在外交政策、治安對策、財政穩定等，仍遺留許多待解決的課題。

巴布亞紐幾內亞於一九六四年進行第一次的選舉，開始民選議會的運作，過去曾歷經荷蘭、德國、英國殖民地，並且曾受澳洲統治。一九七二年的選舉，由巴布亞紐幾內亞人成立的中央政府誕生，隔年十二月實行內部自治，一九七五年九月脫離澳洲獨立。

當時，開始新政權的麥可·索馬雷總理被稱作「建國之父」，曾三度擔任總理一職。近年索馬雷總理所屬的政黨「國民聯盟黨」黨魁成為總理的次數相當多。

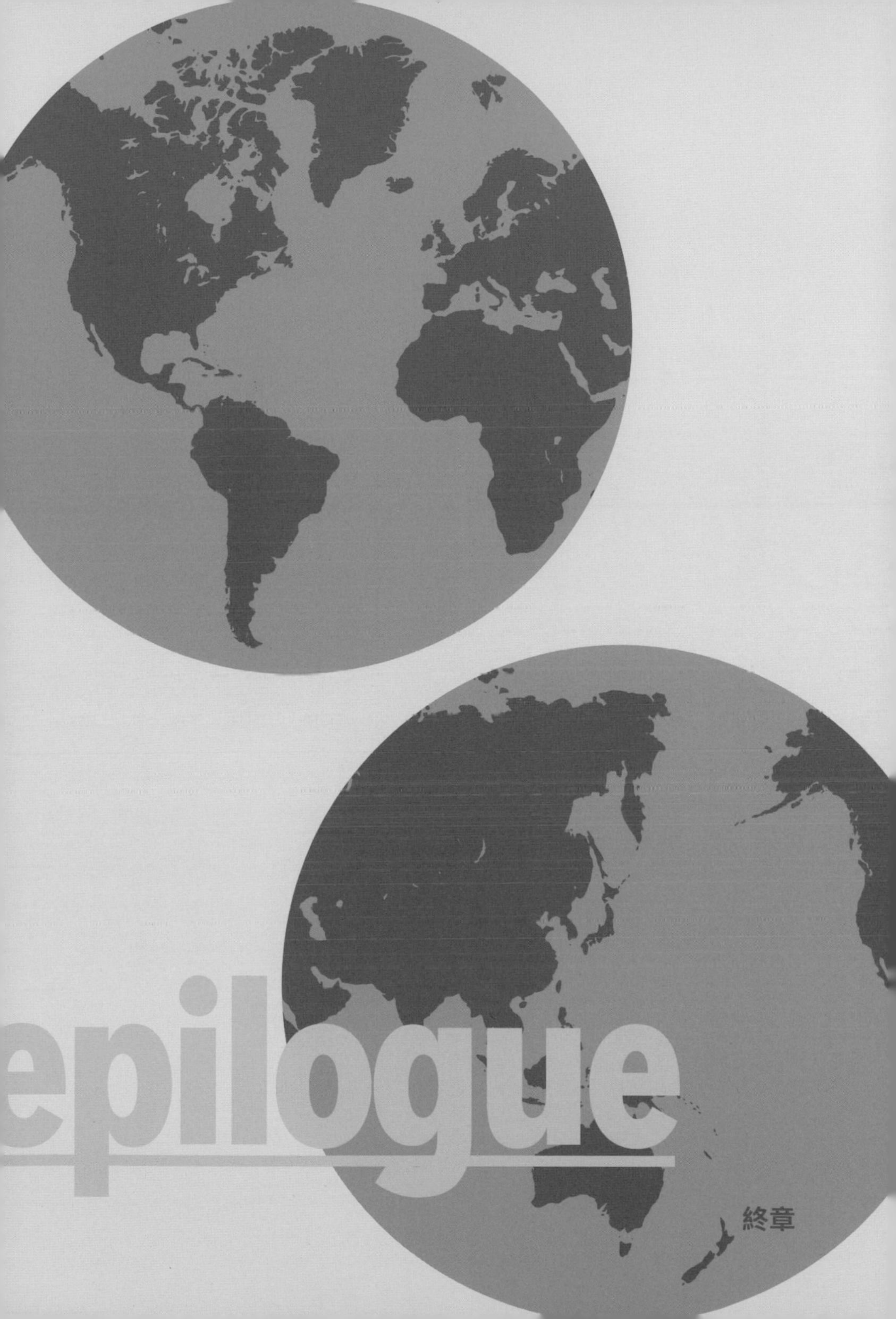

epilogue

終章

了解一國的歷史，有助於了解該國的政治體制

從歷史看政治變遷

最後，作為歸納總結，主要就西歐各國及美國的政治體制創設經緯，簡單概述。各國的政治制度是建立於各國歷史的延伸。

「議會制」與「議院內閣制的始祖」——英國

英國（參考第一〇五頁）雖然是採行君主制的國家，**卻是「議會制」與「內閣制」的發祥地**。英國議會最初始於十一世紀，封建貴族作為回答國王的諮詢而組成「賢人會」，而後頒布的《大憲章》換取徵收新稅權力時，已開始使用「議會（parliamentum）」一詞。

後來，在一二六五年時，從各郡及各城市召集代表組成的聯合會議，演變成神職人員、貴族形成的「貴族院」及平民所組成的「平民院」之兩院制議會。兩院制的存在理由形形色色，在英國是基於社會上有平民及貴族之不同階級的前提，為確保不同層級人士的利益，因而設置「貴族院」與「平民院」。

而後，議會在課稅同意權的基礎下加強權限，發展成為立法機關。英國因為屬於島國而享有天然的安全保障，中央集權的官僚制及常備軍並不發達。因此即使歷經波折，在專制君主的情況下，議會仍然得以存在。

十七世紀時，議會和意圖採行專制政治的詹姆士二世對立，最後罷黜了詹姆士二世，並從海外召來其長女瑪麗及女婿（荷蘭總督威廉三世）共同治理，同意議會提出的權利法案，就任王位。議會向威廉提出

專有名詞 什麼是《大憲章》？

一二一五年，針對當時的英國國王約翰，要求他簽署《大憲章》，確立英國貴族享有的政治權利與自由等內容的文件。雖然只不過是貴族要求國王簽署以保障貴族原本就有的權利，不過後世均著眼在「以法令約束」的觀點。

的《權利法案》（現在仍然有效），確立了國王的權限及議會主導權。（歷史上稱為光榮革命，一六八八〜一六八九年）

於是，英國的內閣，便由國王底下的大臣組成，成為和國王共同享有行政權的源起。就如前面的敘述，議會成了最高的權力機關，國王及議會雙方各負有責任。

一七一四年，就任王位的喬治一世由於不懂英語，對政治漠不關心，由大臣掌握政治實權，國王的權力逐漸成為空殼，確立了內閣必須致力於得到議會（尤其是平民院）信任的前提下工作。這就是議院內閣制。

專有名詞 「課稅同意權」

當國王一昧地打算徵收稅捐時，賦予議會是否同意徵收的權力。透過議會行使課稅同意權，除了能守住自身財產，也對政治產生了影響力。

專有名詞 《權利法案》（一六八九年頒布）

為了推翻詹姆士二世的專制，要求保障臣民自古以來擁有的權利與自由所訂的法律。國王未經議會同意不得終止法令、課稅、和平時期不得維持常備軍，並且規範了議會自由選舉與言論自由。

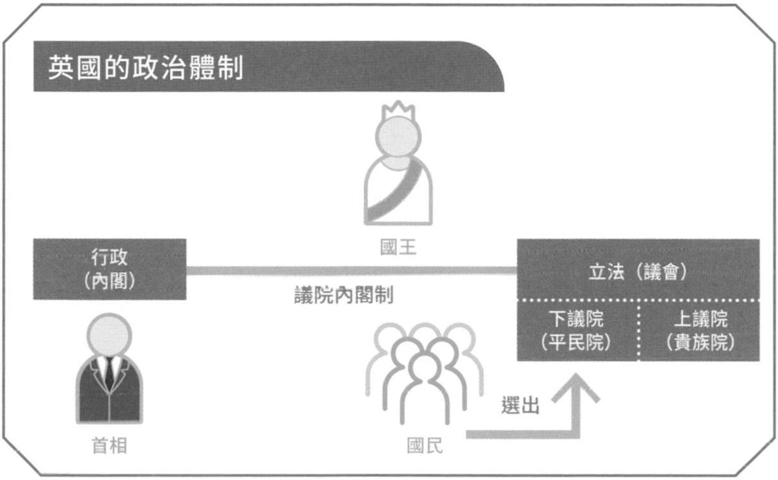

一如截至目前所描述的，議院內閣制的特徵，是負有行政權的內閣首長擔任首相，由議會的多數派（執政黨）選出。並且，內閣的存廢奠基於議會（採取兩院制的情況，就是國民選出的議員所組成的下議院）的信任基礎。並且，議會與內閣的權力均衡上，許多都會賦予內閣解散議會的權力（現在的英國，首相的解散權是基於二〇一一年的《任期固定制議會法》的限制）。

順便一提，英國因為在獨立戰爭時落敗給美國，平民院接受不信任決議案，要求內閣總辭，據說是最早提出的不信任決議案。

而後，議院內閣制衍生出各種不同的變化，深入影響世界的統治制度。也就是說，由議會多數派支撐起政府這樣的結構，基本上是可以成為政治安定的要素的。

「總統制」與「違憲審查制」的拓荒者——美利堅合眾國

原本是英國殖民地的美國（參考的一二四頁），因為**不滿英國議會制定的《印花稅法》**（對所有出版品、證書、許可證、撲克牌等印刷品直接徵收稅金），**發起獨立戰爭後而獨立**，並樹立起聯邦國家制度。因此，基本上**對於議會（立法部門）抱持不信任**的傳統。另外，美國憲法的起草人，司法並未積極給予任何權力（只是在訴訟之際作為判斷的意義），所以不至於有危險，是能夠信賴的權力。

因此，並不屬於行政權對於議會負有責任要素的議院內閣制，而是立法、行政、司法都站在平等的地位，**設立將權力嚴格分散的制度**。因此，美國的統治體系，是議會和行政權完全分離，透過公民直選出擔負行政權的總統之政治結構。

國民選出的議會及總統，處於對等關係，總統對議會不需擔負責任；也不會因為議會提出不信任案而動搖地位。另外，總統沒有解散議會的權力，也禁止兼任議員。由於總統沒有提出法案的權限，若是為了政策的實現必須制定需要的法律時，必須向議會提出「國情咨文」。

如果光看議會，美國和英國同樣採取兩院制，只不過，**採兩院制的理由有別於英國，美國採取兩院制，原因在於美國是聯邦國家**。

東部沿岸的十三個殖民地，和英國發生戰爭後各州獨立，而後尋求強大的中央政府勢力（聯邦派、Federalist）和反聯邦派對立到最後，建立的國家即為「美利堅合眾國」。因此，合眾國憲法只給聯邦議會一定限制的權限，其他權限則保留給州政府（實際上，聯邦的權限，透過憲法解釋，有可能擴大）。

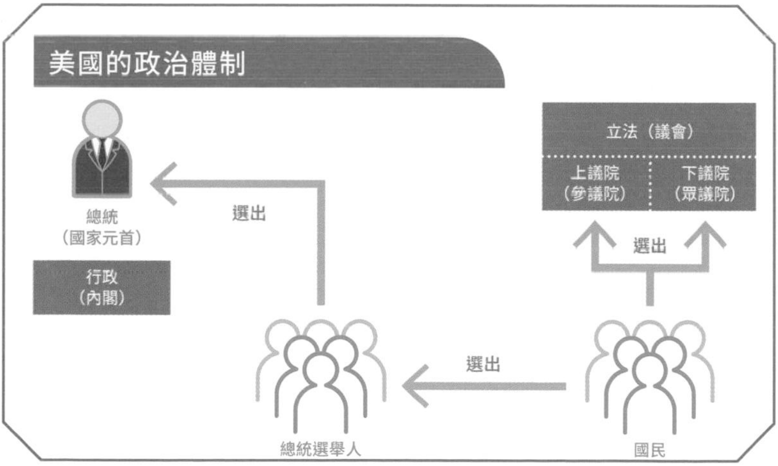

因此，除了代表全國人民的議員所組成的議院，也有必要設置形成聯邦的各州代表議員之議院，也就是上議院（各州選出二名的上議院議員組成）。

可以說由國民選出的總統具有領導魅力，能夠發揮強大的指導能力吧。只不過，當總統與議會多數派衝突時，因為沒有不信任案，也沒有解散制度，有著無法化解問題的缺點。南北美洲大陸各國主要採行總統制，但政情不穩定的國家相當多。美國在採行總統制的情況下，現在的統治局勢仍然呈現穩定狀態，可算是較罕見的例子。

另外，美國在建國後出現擴大總統權限，執行權力高於議會的狀況。舉個具體例子來說，**戰爭宣言在憲法中雖然明訂屬於議會權限（合眾國憲法第一條第八節第十一號），但身為三軍統帥的總統可以在國會未正式宣戰的情況下帶領美國投入戰爭**。

並且，另一項在**憲法中未明確規定的是總統行政令**。二〇一七年川普總統根據總統行政令，嚴格施以移民限制掀起話題。但在這之前，更不能忘記小羅斯福總統於一九四二年二月十九日的總統行政令第九〇六六號，根據這條行政令，使得總計約十萬以上無罪的日裔美國人被關進集中營。

接著，也稍微認識一下有關美國的司法吧。合眾國憲法中並沒有違憲審查制的相關規定，但是，聯邦最高法院在依據法律部分條款處理是否適用憲法的爭議事件（馬伯利訴麥迪遜事件：Marbury vs Madison, 1803年）中，最高法院認為具有判斷是否適用憲法的權限，因而判斷該案違憲而將案件撤銷。這個事件確立了此後法院的違憲審查制。

這個立論基礎在於，法院既然是具有審查法條適用任務的機構，法院必須尊重憲法，若是與憲法有矛盾的規定，就應當宣布無效，排除違憲法令的適用性。

之後，基於美國信賴司法的傳統，成為各國先驅，確立司法機關的違憲審查制，

專有名詞

「違憲審查制」

審查法律或者國家所進行的處分規章制度是否違背該國憲法（憲法適用性），以公權力加以判斷的制度。日本對於國會訂定的法律，也曾有過因為違憲而判斷無效。另外，日本的法院雖然具有「違憲審查權」，但判斷某條法律「違憲」時，並非立即宣布廢止該法，而是透過國會予以修正或廢除。

在臺灣，進行違憲審查的機關是的司法院大法官，並且採用集中審查制度，也就是大法官具有進行違憲審查並宣告法律無效的權力。

達成司法機關對於政治部門（國會、總統）具備有效的制衡功能。

從立法優先傳統轉變為執行優先，走向違憲審查革命——法國

大革命以後，法國（參考第八十七頁）兩度歷經「君主立憲制↓共和制↓君主專制（拿破崙）」的循環。一八七五年頒布的第三共和國憲法，可說是對於第二次的君主專制之強勢行政機關的出現，以及革命前的傳統中央集權官僚之反襯，從而確立了議會中心主義（立法機關對於行政機關的強力制衡）之立憲主義。

並且，在第三共和國憲法的影響下，根據議會的制定法，有了保障人權的觀念。依據這部憲法，總統雖然具有首相的任免權及議會（下議院）的解散權（二元主義型議院內閣制），但經過一八七七年總統及下議院之間的政治鬥爭（最終以總統被迫下台收場），確立了依照慣例，總統無法左右內閣的存廢，內閣也只對議會負有責任的英國形式議院內閣制。總統成為只限名目上的存在。

而後，第二次世界大戰中歷經德國占領，解放後的第四共和國憲法中承繼議會中心主義及依據法律下享有的自由之思維。只不過，議會小黨分立的狀況等因

素，導致內閣處於不穩定的狀況。

一九五八年阿爾及利亞發生政變，過去曾領導自由法國運動的英雄戴高樂回歸政壇，一九四六年在巴約的演說，表達出基於他的構想（作為超越議會政黨對立的國家元首，實現國民統合及國家利益為目標，以總統為中心的體制）為基礎的憲法草案，交付人民投票，制定第五共和國憲法。這次修憲的重大轉變，在於將第三共和國憲法過去的議會中心主義，轉換成以總統為中心的主義。

在一般印象中，總統與首相並存的國家，首相掌有政治實權，總統作為國家元首，任務僅限於社交性、外交上的象徵地位（就如第三共和國及第四共和國憲法所反映出的印象）。法國在反應戴高樂思維的憲法影響下，為總統在統治結構上站上重要地位開啟一扇關鍵之門。

當初原本總統屬於間接選舉制，戴高樂對於曾經領導自由法國運動的自己，身為總統是否能發揮強大的領導力感到不安，因而強化總統的地位，於一九六二年運用稍微強硬的憲法公投，引進公民直選制，朝向總統中心主義進展。根據修訂的憲法，總統具有將一定的法律案交付人民公投、解散下議院的權限，國家遭遇危機事態處置權、總理及大臣的任免權。

總統具有像這樣強大的權力，第五共和國憲法訂定「政府決定並執行國家政策……政府對國會負責」，規定政府的雙首長制（二元主義型議院內閣制，由於和議院內閣同樣握有強大實質權力的總統並存，因而稱為半總統制）。但實際上不論在外交或內政層面，總統都更占優勢。

在第五共和憲法的影響下，議會的地位相對被削弱。典型的實例就是對於法律事項的限縮。換句話說，憲法中明文列舉議會能夠立法的範圍，法律範圍外的皆屬命令性質，由行政機關直接發布。這等於推翻了過去議會獨攬立法權，政府只能在議會制定的法律委任範圍內

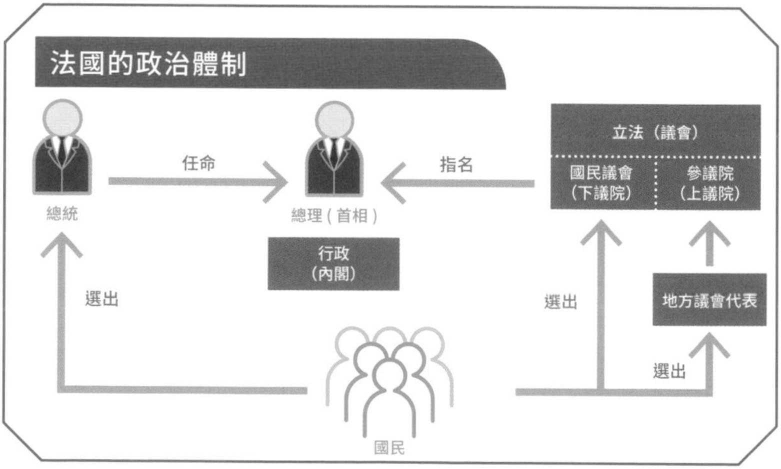

發布命令的方針。

其次，有關議會的結構，法國明明是單一制國家，沒有劃分身分階級的社會，卻採用兩院制的議會，就如法國思想家暨政治家西耶斯說的：「若第一院與第二院一致，則無用；若不一致，則有害。」實際上，法國在一七九一年憲法、一七九三年憲法及一八四八年憲法中，採行只有國民議會的一院制。只不過，法國在歷史上在一院制與多院制之間擺盪，並未建立始終採取一院制的傳統。

法國現行憲法是兩院制，直接選舉選出的下議院（國民議會），及以各省為單位間接選舉而選出的上議院（參議院）所組成。有關現行憲法採取兩院制的原因，相對於小黨分立傾向的國民議會，另一個議院能夠確保穩定的政治勢力。參議院可說被定位在「確保共和國的地方公共團體代表」（法國憲法第二十四條第四項），傾向相對保守。相對於會受直接選舉而左右的國民議會，謀求的是穩定的功能。

最後談一下有關法國的司法。**西歐各國普遍認為能夠保障人民基本人權的制度是經由議會制定法律，對於從屬於王權的法院信賴感較為偏弱**。因此，由法院審查法律是否適用憲法的制度，以往在歐陸各國的憲法中並未普及。不過，**在第**

二次世界大戰後，違憲審查制迅速擴展。

根據第五共和國憲法，創設審查憲法的憲法委員會，最初的設置目的，是為了監視統治機構中的議會是否有逾越權限的行為。不過，憲法委員會在一九七一年的判決中，性質發生改變，成為保障基本人權的機關。因此，基於審查制，除了限制議會對行政權的權限，也使得委員會對設立的法律是否合憲能夠加以審查，產生制約。

戰鬥性民主主義（憲法忠誠）——德國

最後介紹本書沒有提到的德意志聯

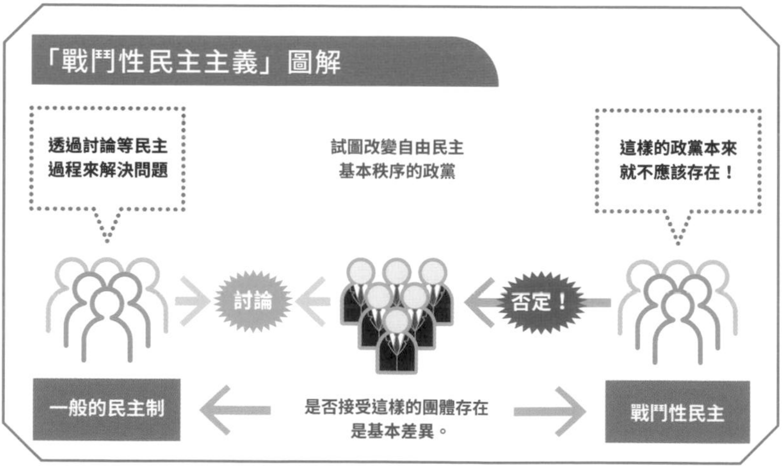
「戰鬥性民主主義」圖解
透過討論等民主過程來解決問題
試圖改變自由民主基本秩序的政黨
這樣的政黨本來就不應該存在！
討論
否定！
一般的民主制
是否接受這樣的團體存在是基本差異。
戰鬥性民主

邦共和國（以下簡稱「德國」）之政治體制。德國**基於過去的破壞國民自由之納粹主義體驗，透過憲法確立德國的「自由民主基本秩序」不受侵犯**，以透過選舉等民主主義的過程，掌控國家權力。換句話說，有關表現自由等基本權，任何公民如濫用而危及自由民主基本秩序，就會喪失自由等基本權（德國憲法第十八條），採取**「戰鬥性民主主義」**（也稱為「憲法忠誠」）的立場。

那麼，不容許納粹主義死灰復燃的思維，又是如何反映在統治機構上呢？我們先回顧一下戰前的威瑪政體瓦解過程。

威瑪體制是基於第一次世界大戰後賠償問題的困頓而生，並且，在一九二九年因全球性的經濟大衰退而陷入恐慌之際，在議會中未能保有多數派基礎的內閣，陷入只能仰賴總統的窘境。原因是內閣的右派與

戰前威瑪憲法下的主要體制

握有強權的總統制與直接民主主義要素

- 總統能透過直接民選及公民投票罷免。
- 總統有解散議會及透過民意裁決的權限。
- 賦予總統緊急法令的權限，在公眾秩序與安全受到嚴重騷擾或威脅時，可以採取暫時停止基本權等必要措施之立法。

左派相互攻擊，而且缺乏建設性的聯立政權，並因為比例代表制選舉而形成小黨林立。

在這樣的經濟亂局中，納粹勢力大為擴張，與登堡總統任命希特勒為總理，開啟納粹政權。希特勒解散國會，展開政治宣傳（Propaganda）及控制言論來進行選舉。他要總統發布緊急命令，限制基本人權，取得議會過半數支持。**然後在一九三三年，透過授權法案，賦予「政府」立法權限，瓦解議會制民主主義**。一九三四年制定《國家元首法》，規定與登堡總統死後，職權將全部移交

閒聊一下

上一頁提到「威瑪體制是基於第一次世界大戰後賠償問題的困頓而生」，事實上，德國清償第一次世界大戰後的所有償務，竟然是在二〇一〇年。在第一次世界大戰結束的九十二年後，東西德統一的二十週年紀日時完全還清。二〇一〇年十月，德國財政部發表，根據第一次世界大戰（一九一四～一八年）戰後處理而簽訂的《凡爾賽條約》，對戰敗國的德國求償的賠償金額，已償還最後剩餘的國債利息約七千萬歐元（約八十億日圓）。在第一次世界大戰結束的九十二年後，終於清償所有賠款。

給希特勒，同時合併總統和總理這兩個職位，由希特勒就任「總統」，實現獨裁政治。希特勒掌握政權後，在外交政策等運用公民投票，企圖將他的政策正當化，形成直接民主主義的功能危機──由盲目崇拜左右的政治。

現行的德國憲法，從威瑪憲法缺失所得到的教訓，否定總統民選制，由聯邦議會議員及各聯邦議會選出的同額議員，組成聯邦會議，總統不再握有強大權限，僅是名目上、儀式性的元首。

結果，總統不再被賦予威瑪憲法下的緊急法令權限，政治實權由聯邦總理帶領的聯邦政府掌控，僅需負起對聯邦議會的責任（一元主義的議院內閣制）。

並且，威瑪憲法下，由於缺乏建設性的聯立政權，以致危及政治安定，基於這樣的缺失，為了強化內閣安定，設置「建設性的不信任動議」制度（投票時需要同時選出一位新總理，並在新總理選出後成立新政府之制度）。

專有名詞 「政治宣傳（Propaganda）」

「Propaganda」簡單來說是指宣傳的意思，尤其是基於特定的政治目的，強調主義或思想的宣傳。

並且，由於威瑪憲法下的完全比例代表選舉制度，造成小黨林立，尤其是針對希特勒暴行的深刻懺悔，因此現行的選舉法，在聯邦議會選舉的政黨議席數，基本上採取比例代表原則，只有得到百分之五以上票數的政黨才可以得到議席，議席的分配則與共和國的雷同。

德國的聯邦議會是兩院制，兩院制存在的理由，和美國同樣是因為聯邦國家的緣故。德國的聯邦參議院，各邦政府在聯邦中的代表組成，由各邦政府任命。依德意志共和國基本法第五十一條第三項後段內容：「每個邦內部在表決時的意見必須統一，並且，只限出席議員或其代理人才能進行表決。」屬於強化各邦利益的代表機關。

另外，在「戰鬥性民主政治」的制度上擔負重大功能的是憲法法院。基本法中規定可自由成立政黨，但一方面也給予憲法法院裁定危害自由民主基本秩序的政黨違憲。並且，基於運用議會制定法達成獨裁政治的納粹歷史教訓，對於法律之違憲審查權限，比美國設立的違憲審查制採取更深入的介入。

建立在各國歷史軌跡的政治制度

以上就是以西歐各國及美國政治體制為主之歷史及演進的概述。相信你應當可以明白，現在各國的政治制度，都是從自古以來的歷史、傳統、國家成立過程、對過去失敗的反省而形成或創立。

對於本書所介紹的政治制度，也許你會有覺得有些不對勁，但這些若是了解該國的歷史、宗教、國家成立的經緯，或許就會覺得合理。

「為什麼會形成這樣的政治體制呢？」要解開這樣的疑問，有必要了解該國經歷什麼樣的過程而走到今天。**因為政治體制是建立在各國歷史軌跡上的制度。**

衷心盼望你能透過本書，對各國政治體制開始產生興趣。

資料

世界各國、地區的投票年齡、被選舉年齡（下議院）

資料來源：《Reference》（日本國立國會圖書館調查及立法考查局）七七九號（二〇一五年十二月）

・採取兩院制國家的下議院國會投票年齡及被選舉的年齡。

・國名左側註記「*」的國家，不是採行直選，只有部分議席採取直選的情況，視作採行直選的國家，不註記「*」。

・註記「*」國家的投票年齡，為間接選舉可以擔任選舉代表團的年齡。

・註記「*」國家的被選舉年齡，是可就任議員的年齡。

・採取任命制等原因，而未規定投票年齡的國家或資料不明確的國家，註記「－」。

國名	投票權	被選舉權
冰島	18	18

愛爾蘭	18	21
亞塞拜然	18	25
阿富汗	18	25
美國	18	25
阿拉伯聯合大公國*	依各首長國而異	依各首長國而異
阿爾及利亞	18	25
阿根廷	16	25
阿爾巴尼亞	18	18
亞美尼亞	18	25
安哥拉	18	35
安地卡及巴布達	18	21
安道爾	18	18
葉門	18	25
英國	18	18
以色列	18	21

國名	投票權	被選舉權
義大利	18	25
伊拉克	18	30
伊朗	18	26（*1）
印度	18	25
印尼	17（*2）	21
烏干達	18	18
烏克蘭	18	21
烏茲別克	18	25
烏拉圭	18	25
厄瓜多	16	30
埃及	18	25
愛沙尼亞	18	21
衣索比亞	18	21
厄利垂亞＊	18	一

國名	投票權	被選舉權
薩爾瓦多	18	25
澳洲	18	18
奧地利	16	18
阿曼	21	30
荷蘭	18	18
迦納	18	21
維德角	18	18
蓋亞那	18	18
哈薩克	18	25
卡達＊	一	24
加拿大	18	18
加彭	18	28
喀麥隆	20	23
甘比亞	18	21

柬埔寨	18	25
幾內亞	18	18
幾內亞比索	18	21
賽普勒斯	18	25
古巴	16	18
希臘	18	25
吉里巴斯	18	21
吉爾吉斯	18	21
瓜地馬拉	18	18
科威特	21	30
庫克群島	18	18
格瑞那達	18	18
克羅埃西亞	18	18
肯亞	18	18
象牙海岸	21	25

哥斯大黎加	18	21
科索沃	18	18
葛摩	18	18
哥倫比亞	18	25
剛果共和國	18	25
剛果民主共和國	18	25
沙烏地阿拉伯*	—	30
薩摩亞	21	21
聖多美普林西比	18	18
尚比亞	18	21
聖馬利諾	18	25
獅子山	18	21
吉布地	18	23
牙買加	18	21
喬治亞	18	25

國名	投票權	被選舉權
敘利亞	18	25
新加坡	21	21
辛巴威	18	21
瑞士	18	18
瑞典	18	18
蘇丹	18	21
西班牙	18	18
蘇利南	18	21
斯里蘭卡	18	18
斯洛伐克	18	21
斯洛維尼亞	18	18
史瓦帝尼	18	18
塞席爾	18	18
赤道幾內亞	—	25
塞內加爾	18	25
塞爾維亞	18	18
聖克里斯多福	18	21
聖文森	18	21
聖露西亞	18	21
索馬利亞*	—	25（*3）
索羅門群島	18	21
泰國*	—	—
韓國	19	25
臺灣	20	23
塔吉克	18	25
坦尚尼亞	18	21
捷克	18	21
查德	18	25

中非共和國	—	—
中華人民共和國*	18	18
突尼西亞	18	23
北韓	17	17
智利	18	21
吐瓦魯	18	21
丹麥	18	18
德國	18	18
多哥	18	25
多米尼克	18	21
多明尼加（*4）	18	25
千里達	18	18
土庫曼	18	25
土耳其	18	25
東加	21	21

奈及利亞	18	30
諾魯	20	20
納米比亞	18	21
紐埃	18	18
尼加拉瓜	16	21
尼日	18（*5）	21
日本	18（*6）	25
紐西蘭	18	18
尼泊爾	18	25
挪威	18	18
巴林	20	20
海地	18	25
巴基斯坦	18	25
巴拿馬	18	21
萬那杜	18	25

國名	投票權	被選舉權
巴哈馬	18	21
巴布亞紐幾內亞	18	25
帛琉	18	25
巴拉圭	18	25
巴貝多	18	21
巴勒斯坦	18	28
匈牙利	18	18
孟加拉	18	25
東帝汶	17	17
斐濟	18	18
菲律賓	18	25
芬蘭	18	18
不丹	18	25（*7）
巴西	16（*8）	21

國名	投票權	被選舉權
法國	18	18
保加利亞	18	21
布吉納法索	—	21
汶萊＊	—	21
蒲隆地	18	25
越南	18	21
貝南	18	25
委內瑞拉	18	21
白俄羅斯	18	21
貝里斯	18	18
秘魯	18	25
比利時	18	18
波蘭	18	21
波赫	18	18

波札那	18	21
玻利維亞	18	25
葡萄牙	18	18
香港	18	21
宏都拉斯	18	21
馬紹爾群島	18	21
馬其頓	18	18
馬達加斯加	18	21
馬拉威	18	21
馬利	18	21
馬爾他	18	18
馬來西亞	21	21
密克羅尼西亞	18	30
南非	18	18
南蘇丹	一	一

緬甸	18	25
墨西哥	18	21
模里西斯	18	18
茅利塔尼亞	18	25
莫三比克	18	18
摩納哥	18	25
馬爾地夫	18	18
摩爾多瓦	18	18
摩洛哥	18	23
蒙古	18	25
蒙特內哥羅	18	18
約旦	18	30
寮國	18	21
拉脫維亞	18	21
立陶宛	18	25

國名	投票權	被選舉權
利比亞	18	25
列支敦斯登	18	18
賴比瑞亞	18	25
羅馬尼亞	18	23
盧森堡	18	18
盧安達	18	21
賴索托	18	21
黎巴嫩	21	25
俄羅斯	18	21

＊1　伊朗的被選舉年齡為二十六歲以上七十五歲以下。

＊2　印尼的已婚公民不論年齡皆有投票權。

＊3　索馬利亞的被選舉年齡（因為是任命制，為可就任年齡）為二十五歲以上，七十五歲以下。

＊4　多明尼加共和國的已婚公民不論年齡皆有投票權。

＊5 尼日的已婚公民不論年齡皆有投票權。

＊6 二〇一五年六月十九日公布《公職選舉法等部分修訂法》（平成二十七年法律第四十三號）投票年齡由二十歲下修為十八歲，於二〇一六年（平成二十八）年六月十九日開始實施。

＊7 不丹的被選舉年齡為二十五歲以上六十五歲以下。

＊8 巴西十八歲即可登記投票權，十六歲以上可自由登錄。

出處：參考列國議會同盟（各國議會聯盟）網站（https://data.ipu.org/parline-e/parlinesearch.asp）的調查為主，以及各國選舉管理委員會網站等。由政治議會課那須俊貴、木村志穗製表。

註：世界各國、地區的投票年齡、被選舉年齡（下議院）為根據二〇一五年十一月五日的資料製表。

國家圖書館出版品預行編目資料

徹底圖解世界各國政治制度：一次搞懂5大洲23個國家，一手掌握全球動向／Condex情報研究所編著. -- 初版. -- 新北市：遠足文化，2020.07
面；　公分.
ISBN 978-986-508-068-6（平裝）

1. 政治制度　2. 國際關係

572　　109008921

通識課

徹底圖解世界各國政治制度

一次搞懂5大洲23個國家，一手掌握全球動向

学校では教えてくれない世界の政治

監　　修——串田誠一
編　　著——Condex情報研究所
譯　　者——卓惠娟
責　　編——王育涵
總 編 輯——李進文
執 行 長——陳蕙慧

行銷企劃——陳雅雯、尹子麟、余一霞
視覺設計——吳郁嫻

社　　長——郭重興
發行人兼出版總監——曾大福
出 版 者——遠足文化事業股份有限公司
地　　址——231新北市新店區民權路108-2號9樓
電　　話——(02) 2218-1417
傳　　真——(02) 2218-0727
客服信箱——service@bookrep.com.tw
郵撥帳號——19504465
客服專線——0800-221-029
網　　址——https://www.bookrep.com.tw
臉書專頁——https://www.facebook.com/WalkersCulturalNo.1
法律顧問——華洋法律事務所　蘇文生律師
印　　製——呈靖彩藝有限公司

定　　價——新臺幣380元

初版一刷　西元2020年07月
初版五刷　西元2022年12月
Printed in Taiwan

GAKKODEHA OSHIETEKURENAI SEKAINO SEIJI
Supervised by Seiichi Kushida
Originally published in Japan in 2018 by SB Creative Corp.
Traditional Chinese translation rights arranged with SB Creative Corp. , through AMANN CO . , LTD